垂直分离与产业融合

生产性服务业与装备制造业互动研究

楚明钦 著

中国社会科学出版社

图书在版编目（CIP）数据

垂直分离与产业融合：生产性服务业与装备制造业互动研究/
楚明钦著 . —北京：中国社会科学出版社，2015.12
ISBN 978 - 7 - 5161 - 7546 - 0

Ⅰ.①垂⋯　Ⅱ.①楚⋯　Ⅲ.①服务业—经济发展—研究—中
国 ②制造工业—经济发展—研究—中国　Ⅳ.①F719 ②F426.4

中国版本图书馆 CIP 数据核字（2016）第 018057 号

出 版 人	赵剑英
责任编辑	卢小生
特约编辑	林　木
责任校对	周晓东
责任印制	王　超

出　　版	中国社会科学出版社
社　　址	北京鼓楼西大街甲 158 号
邮　　编	100720
网　　址	http://www.csspw.cn
发 行 部	010 - 84083685
门 市 部	010 - 84029450
经　　销	新华书店及其他书店

印刷装订	三河市君旺印务有限公司
版　　次	2015 年 12 月第 1 版
印　　次	2015 年 12 月第 1 次印刷

开　　本	710×1000　1/16
印　　张	11
插　　页	2
字　　数	186 千字
定　　价	40.00 元

中文摘要

中国目前已经成为装备制造业大国，但还不是装备制造业强国。虽然中国装备制造业发展速度很快，但是，装备制造业的核心零部件基本依赖进口，例如，汽车的发动机、电子集成电路的芯片等。由于国内装备制造业技术落后，出口厂商需要进口发达国家机器设备来提高产品质量，实现出口快速增长，即产生了"进口引致型出口"效应，但是，"为出口而进口"战略的实施也抑制了装备制造业与中国本土生产性服务业的产业关联效应。

装备制造业核心技术与自主创新能力的提升需要大量生产性服务投入，而不是来源加工过程。生产性服务内含的知识和技术决定了装备制造业的竞争力，但是，由于生产性服务内置于装备制造业，中国装备制造业不能专注于自己的"核心能力"，导致生产性服务业不能专业化发展。随着社会分工的深化和交易成本的下降，生产性服务将逐渐与装备制造企业垂直分离而专业化生产，在第三次工业革命推动下，专业化的生产性服务业将与装备制造业深度融合。

用分工与专业化理论研究装备制造业规模、交易成本与生产性服务外化的关系及第三次工业革命背景下生产性服务业与装备制造业融合的原因、类型及效应等；并用 2002 年和 2007 年中国投入产出表以及经济合作与发展组织投入产出表计算生产性服务业与装备制造业的融合程度；研究工业化国家研发投入通过零部件、成套机器设备出口对中国技术进步的影响，进而研究生产性服务通过嵌入装备制造业带来的融合效应；最后研究长三角一体化背景下生产性服务业与装备制造业的空间集聚，考察上海生产性服务业对长三角两省一市装备制造业的影响。通过分析，本书得出以下结论：

第一，随着市场规模的逐步扩大，按照斯密的"市场规模限制劳动分工"原理，装备制造业垂直一体化的经营模式将会逐步解体，生产性服务将逐渐外化。但是，由于中国信用体系不健全、法律纠纷不能得到有效处理等因素，导致契约维护成本很高，从而导致中国的市场交易成本还很大；在市场失灵情况下，地方政府财政政策促进了生产性服务与装备制造业的垂直分离。

第二，对1997年、2002年和2007年投入产出表比较分析发现，中国资本技术密集型装备制造业的生产性服务投入严重不足并大幅度下降，中国装备制造业对生产性服务中间需求率很低。2002—2007年，中国装备制造业对科技服务的中间需求率增长很快，对信息服务的中间需求率大幅下降。另外，通过对经济合作与发展组织投入产出表的比较分析，发现中国装备制造业对生产性服务业各细分行业的需求高于发达国家，而中国装备制造业的生产性服务投入低于发达国家。

第三，中国国内研发资本投入对技术进步有一定抑制作用，主要原因在于研发投入不足和研发投入结构不合理以及体制弊端。进口生产性服务等中间品对我国技术进步影响最大，而成套机器设备进口获得的研发溢出对中国技术进步有显著负向影响，原因是虽然从国外进口的机器设备本身技术含量比较高，但劳动力并不需要了解其中技术而只需会操作即可。

第四，上海形成了生产性服务业与装备制造业的双重集聚，而江苏和浙江利用自己的资源优势逐渐成为长三角制造业集聚地区。上海研发服务业、批发零售业、商务服务业和信息服务业对长三角两省一市装备制造业都有显著正向影响。但是由于中国高昂的物流运输成本，再加上近几年来装备制造业获得的金融贷款大多进入了房地产领域而没有进入实体经济，上海交通运输、仓储及邮政业和金融保险业对长三角两省一市装备制造业都有一定的负向影响。

本书创新之处在于：第一，研究视角的创新。本书从生产性服务外化不足视角考察中国生产性服务业发展滞后问题，并从生产性服务投入不足视角考察中国装备制造业竞争力落后问题。第二，理论方面的创新。本书所讲的生产性服务业与装备制造业融合主要指装备制造业的生产性服务投入程度、生产性服务业的装备制造业投入程度以及生产性服务嵌入装备制造业带来的装备制造业升级等。第三，研究方法的创新。本书用WOID投入产出表数据分析中国生产性服务与装备制造业的垂直分离程度，并对中国1997年、2002年和2007年投入产出表以及经济合作与发展组织投入产出表数据进行了深入分析。

关键词：生产性服务业　装备制造业　垂直分离　融合

Abstract

China has become a big country in the equipment manufacturing industry, but not a power in the world. Although the development of China's equipment manufacturing industry is very fast, basically the core components relied on the imports, such as car's engine, electronic integrated circuit chips etc.. Due to the lag in technology, the export manufacturers need to import machinery and equipment from developed countries to improve the quality of their products and achieve the rapid growth of exports with effects of "Import – induced Export". But the implementation of the strategy of "import for export" also inhibits the industry relevance between the equipment manufacturing industry and producer services of Chinese native.

However, the core technology of equipment manufacturing industry requires a large amount of productive service inputs, not from processing procedure. Productive services is mainly intermediate inputs in product manufacturing or service delivery process, whose knowledge and technology determines the competitiveness of equipment manufacturing industry. Because producer services built into the equipment manufacturing industry, China's equipment manufacturing industry can't focus on their "core competence", which leads to producer services without the substantial development. With the deepening of social division of labor and the decline of transaction costs, the producer services will gradually separate from equipment manufacturing to specialized production. Under the impetus of the third industrial revolution, specialized production service will deeply merge with the equipment manufacturing industry.

Firstly, on the basis of division and professionalization theory, the paper researches the relationship of equipment manufacturing industry, transaction cost and the productive service externalization. Secondly, the paper studies the motivation, types, impacts of the merge between productive service and the equipment manufacturing industry under the background of the third industrial revolution. Then this paper works out the degree of industrial connection of producer services and equipment manufacturing with Chinese input – output tables for the year of 2002 and 2007, as well as the OECD input – output table. The paper also studies the spillover effect on the Chinese technology revolution through imports of conponents and equipment from developed industrialized countries. In addition the effect of merge between producer services and equipment manufacturing is also our focus. Finally, the paper researches the space agglomeration of producer services and the equipment manufacturing industry in the context of the integration of Yangtze River Delta.

This book mainly draws the following conclusions.

Firstly, with the continuous expansion of market the vertical integration model will gradually disintegrated for the equipment manufacturing industry according to the Theorem that "market size limits the division of labor". Productive services will be outsourced gradually. But in China the contract maintenance is high because of low degree of commercialization, the unsound credit system and the unable handing legal dispute and etc. In complementry the fiscal policy has promoted the separation of the productive service and equipment manufacturing industry.

Secondly, through comparative analysis of input – output tables in the year 1997, 2002 and 2007, the producer service inserted in the capital – intensive equipment manufacturing industry has not enoughly invested. In 2002 and 2007, the demand for technology services was growing rapidly. On the contrary, the demand for the information service has dropped significantly. In addition the infrastructure construction plays an important role in driving China's economic development by comparing input – output tables of the OECD, For each subdivision of producer services industry, there is a higher demand for the equipment manufacturing industry than that in the developed country but with the lower productive service investment.

Thirdly, the investment of R&D Capital has certain inhibitory effect on technological progress in China mainly because of insufficient R&D, unreasonable R&D structure and institutional drawbacks. The Producer Services import has a great effect on technical progress in China. On the contrary, the complete sets of imported equipment have significant negative effects. The reason may be that they are mainly used for investment demand and transferred to fixed capital. The labor force does not need to know why but how to use.

Fourthly, Shanghai has formed dual agglomeration of productive service and equipment manufacturing industry. Jiangsu and Zhejiang also gradually become the manufacturing agglomeration regions. In Shanghai there are abundant R&D services, wholesale – retail network, business services and information service, which have a significant positive impact on the equipment manufacturing industry in Yangtze River Delta. But due to high logistics cost and low finaial support, the transportation, warehousing, the postal service and the financial insurance have some significant negative impact on the equipment manufacturing industry in Yangtze River Delta.

The innovation in this article manifests as follows. Firstly, the innovation on the research perspective: the article has inspected the problem of lag of producer services due to the lack of its externalization. In addition and the weak competitiveness of equipment manufacturing industry is due to the underinvestment of productive service. Secondly, the innovation on the theory: the article discusses the fusion which is blending productive service and equipment manufacturing industry. It refers primarily to the degree of involvement which is for productive service, and in turn which productive service embedded in the equipment manufacturing industry brings the upgrade of the equipment manufacturing industry and etc. Thirdly, the innovation on the research mode: using the WOID input – output table date, the paper analyzes the vertical separation degree of China's productive service and the equipment manufacturing industry. The paper also undermined the data of input – output table of China in 1997, 2002 and 2007 and the OECD input – output table data.

Key Words: Producer Services   Equipment Manufacturing   Vertical Separation   Convergence

目　录

第一章　绪论

第一节　选题背景

改革开放以来，中国规模以上国有及国有控股装备制造业产值迅猛增长，尤其是 2003—2011 年从 15186.41 亿元增长到 50352.71 亿元，增加了 2.32 倍。但是国有及国有控股装备制造业在规模以上装备制造业总产值中的比重却从 2003 年的 30% 下降到 2011 年的 18.2%；外商投资装备制造业在规模以上装备制造业中的比重在 2004 年达到最高水平 52.6%，虽然此后有所下降，但在 2011 年仍达到 42%。[①] 虽然中国装备制造业发展速度很快，但是，中国装备制造业的核心零部件基本依赖进口[②]，例如汽车发动机、电子集成电路芯片等。另外中国部分学者也从不同角度证实了我国装备制造业的核心竞争力落后，例如，陈爱贞和刘志彪（2008）、陈爱贞和陈明森（2009）、陈爱贞、刘志彪和吴福象（2008）、陈爱贞和刘志彪（2011）、陈爱贞和钟国强（2012）等。此外，巫强等（2007，2009，2012）从"为出口而进口"视角考察了进口机器设备对中国本土装备制造业的技术和市场挤压。因此，中国已经成为装备制造业大国，但是由于中国装备制造业缺乏核心技术，自主创新能力薄弱，因此不是装备制造业强国。

装备制造业核心技术与自主创新能力的提升需要大量生产性服务的投入，而不是来源加工过程。生产性服务主要是产品生产过程中或服务提供过程中的中间投入，生产性服务内含的知识和技术决定了装备制造业的竞

[①] 根据国研网工业经济数据库数据计算整理。

[②] 根据世界贸易组织统计数据库计算，2001—2012 年，中国集成电路与电子元器件进口额占机械设备进口额比重从 22% 增加到了 33.66%，并且一直处于上升趋势。

争力（刘志彪，2006；江静和刘志彪，2007；刘志彪，2010；Hoeckman
and Mattoo，2008；Fernandes and Paunov，2012）。20 世纪 80 年代以来，
发达国家逐步进入后工业化社会，后工业化社会的突出特征是服务业增加
值在国民经济中的比重达 70% 以上，生产性服务业增加值在服务业中的
比重也达 70% 以上。而根据 2007 年中国投入产出表计算①，生产性服务
业产出占总产出的比重只有 13.2%，生产性服务业在我国国民经济中比
重偏低。

表 1 - 1   1997—2007 年装备制造业的生产性服务投入变化

	METE	MACH	TRAF	ELEC	COMMU	OFFI
1997 年生产性服务投入	0.1231	0.0749	0.0649	0.0837	0.0700	0.0864
2002 年生产性服务投入	0.1130	0.1074	0.0964	0.1169	0.0960	0.0938
2007 年生产性服务投入	0.0560	0.0723	0.0744	0.0779	0.0877	0.0673
1997—2002 年变化	- 0.0818	0.4340	0.4861	0.3957	0.3716	0.0850
2002—2007 年变化	- 0.5040	- 0.3269	- 0.2287	- 0.3332	- 0.0865	- 0.2824

资料来源：本表数据根据中国 1997 年、2002 年和 2007 年投入产出表计算而得。

另外，根据中国投入产出表计算，结果如表 1 - 1 所示，1997—2002
年，中国装备制造业的生产性服务投入大幅度增加，其中交通运输设备制
造业的生产性服务投入增幅最大，达到了 48.61%。2002—2007 年，中国
装备制造业的生产性服务投入大幅度下降，其中金属制品和电气机械及器
材设备制造业的生产性服务投入下降最多，分别达到了 50.4% 和 33.3%。

表 1 - 2   装备制造业对生产性服务各细分行业的中间需求变化

	TRA	POST	INFO	WHO	FINA	RENT	RESE	TESE
2002 年装备制造需求率	0.093	0.051	0.111	0.110	0.072	0.136	0.052	0.034
2007 年装备制造需求率	0.090	0.097	0.060	0.144	0.098	0.104	0.331	0.136
2002—2007 年装备制造需求变化	- 0.03	0.902	- 0.459	0.309	0.361	- 0.235	5.365	3.000

资料来源：本表数据根据中国 2002 年和 2007 年投入产出表计算而得。

———————————

① 由于 2010 年中国投入产出表延长为 72 部门，为了行业分类一致和计算的方便，本书在
此处没有采用 2010 年中国投入产出表延长表。

从表 1-2 可以看出, 2002—2007 年, 中国装备制造业对信息传输、计算机服务和软件业以及租赁与商务服务业的中间需求大幅下降, 而对研究与发展业和综合技术服务业的中间需求增加了 5.365 倍和 3.0 倍。信息化社会中, 工业化和信息化的融合是大势所趋, 但是中国装备制造业的信息服务投入不足并大幅下降, 说明我国装备制造业的信息化道路还很漫长。另外, 租赁和商务服务业本是从制造业分离出来的中介服务业, 但是装备制造业对这些中介服务的需求并不强烈, 也反映我国租赁及商务服务业等中介服务滞后。

发达国家生产性服务业比重高的原因, 一是生产性服务从国民经济各部门中充分分离, 二是制造业外包给发展中国家。我国生产性服务业比重低的一个重要原因是生产性服务没有从制造业部门充分分离。另外, 由于实行赶超发展战略, 生产性服务一般垂直一体化于制造业企业内部[①] (郑吉昌, 2011)。中国企业价值链的基本活动和辅助活动等环节基本一体化于企业内部, 甚至制造业企业内部还有自己的幼儿园、职工学校、职工医院、职工食堂等。另外, 由于我国制造业各部门还没有实现专业化分工带来的规模经济和效率的提升, 规模庞大的制造企业也形成了官僚体制, 同时带来了价值链各环节效率的低下。因此, 生产性服务内置于制造业, 而没有自己独立的形态, 造成我国生产性服务业在国民经济中比重偏低。

从产业演化角度看, 生产性服务与制造业存在着生产性服务内置于制造业、生产性服务与制造业垂直分离、生产性服务业与装备制造业高度产业关联、生产性服务业与装备制造业融合等几个阶段。[②] 在市场化程度和经济发展水平比较低时, 生产性服务一般内置于制造业内部。伴随制造业企业的成长壮大, 企业科层制管理弊端逐渐显现, 企业的管理成本逐渐上升以及管理效率逐渐下降。另外随着社会分工的深化和交易成本的下降, 生产性服务将逐渐与制造企业垂直分离。由于 2008 年金融危机的发生, 工业化国家推出一系列科技政策以推动制造业革新。科技政策的实施将推动第三次工业革命进程, 第三次工业革命背景下, 生产性服务业与制造业将全面

---

① 参见 http://www.ceh.com.cn/ceh/jjzx/2011/9/29/89344.shtml。

② 吕政 (2006) 把生产性服务业的发展分为种子期、成长期和成熟期三个阶段。在种子期内, 生产性服务还没有形成外部市场, 一般由企业内部提供; 在成长期, 制造业内部的生产性服务逐渐外化, 并形成了外部生产性服务提供商的竞争; 在成熟期, 生产性服务供应商市场专业化程度很高, 各类企业都会对生产性服务有很高的需求。

融合，生产性服务业与制造业的融合又促进了本土制造业向价值链高端升级。由于装备制造业是制造业的基础和"母机"，关系到一个国家的核心竞争力和自主创新能力，因此本书将从装备制造业的视角研究制造业的升级。

最近几年，中国很多城市出台鼓励制造业分离生产性服务的政策①，但目前中国装备制造业分离发展生产性服务业还存在很大困难。中国的生产性服务为何难以从装备制造业中分离出去？中国生产性服务业与装备制造业的融合程度如何？在第三次工业革命背景下，生产性服务业与装备制造业将深度融合，那么融合的机制和效应是什么？中国如何促进生产性服务业与装备制造业的融合？本书将把生产性服务与装备制造业的垂直分离与融合纳入统一分析框架，分析生产性服务提升装备制造业竞争力问题。

第二节　选题意义

一　理论意义

新中国成立后，制造业实行的是垂直一体化经营模式，生产性服务与制造业没有充分分离，生产性服务内置于制造企业，导致生产性服务的发展落后以及制造业效率低下。由于本土生产性服务业发展滞后②，在新一轮国际服务外包进程中，发达国家在中国找不到合适的生产性服务承接方，更加导致了中国生产性服务业的落后。③ 2002 年以来，装备制造业的生产性服务投入为什么下降？装备制造业对信息服务与商务服务需求为什么下降？中国生产性

---

① 例如，温州 2008 年 12 月出台的《关于推进我市工业企业分离发展服务业工作的实施意见》（温政办〔2008〕175 号文）；南京 2009 年 8 月出台的《关于推动服务业从工业企业中分离发展的意见》（宁政发〔2009〕194 号文）；杭州市 2009 年 10 月出台的《浙江省杭州市人民政府办公厅关于推进企业主辅分离发展生产性服务业的实施意见》（杭政办〔2009〕14 号文）等。

② 关于生产性服务发展的原因，主要有两种不同的观点：一种观点是以 Walker（1985）为代表，他提出了生产性服务业的"分拆"理论，也就是说，生产性服务业来源于制造业的外包。随着分工和专业化的发展，生产性服务将逐渐与制造业分离。学者 Abraham 和 Taylor（1996）分析了生产性服务业与制造业分离的三个理由：第一，可以获得成本的节约和利润的增加；第二，可以平滑工作量在高峰期和低谷期再分配；第三，可以获得专业化的生产性服务投入。另一种观点以 Tschetter（1987）为代表，他认为生产性服务业代表新的产品技术。而学术界目前大多数都认同第一种观点，即生产性服务以制造业为母体。

③ 虽然目前发达国家都已经进入后工业化社会，服务经济在国民经济中比重很大。但中国工业化进程正处于快速发展阶段，并且还有很长道路要走。因此，中国生产性服务业的发展一般采取承接国外服务业外包或者中国制造业分离发展生产性服务业的方式。

服务与装备制造业为什么难以分离？对这些问题的研究可以为国家推动市场化体制改革和鼓励制造业企业分离生产性服务提供一定理论指导。

另外，20世纪70年代以来，随着信息和通信技术的进步，不同产业之间的边界越来越模糊，产业边界和交叉处都发生了一定程度的融合现象。产业融合理论已经成为产业经济学的前沿研究领域，例如，格林斯坦和卡纳（Greenstein and Khanna，1997）、沃茨（Wirtz，2001）、植草益（2001）、马健（2002）、周振华（2002）、李美云（2005）等研究了产业融合的概念、动因和特征。但是这些学者对产业融合的研究基本是考察信息通信业的"三网融合"。但随着2008年金融危机的发生，世界各国实施各种鼓励科技发展的政策，科技政策也推动了第三次工业革命，生产性服务业与装备制造业的融合趋势也日渐明显。因此，本书的研究也将在一定程度上深化和发展产业融合理论。

二　现实意义

在全球化进程中，过度垂直一体化的管理协调成本已经降低了中国装备制造业竞争力。生产性服务可以把专业化的人力资本和知识资本引入装备制造业生产过程，但是，由于生产性服务没有与制造业充分分离，导致中国生产性服务业发展滞后。由于装备制造业的生产性服务投入不足，导致了虽然装备制造业总量上增长速度比较快，但是缺乏核心技术和自主创新能力。另外，在第三次工业革命背景下，生产性服务业与装备制造业的边界越来越模糊，生产性服务业与装备制造业趋向于深度融合。近几年来，中国部分城市先后出台鼓励制造业分离发展生产性服务业的政策已经取得了一定的效果，例如，温州（2008）、杭州（2009）、南京（2009）、湖州（2009）、无锡（2009）、张家港（2010）、上海（2011）。生产性服务与制造业分离的同时还与装备制造业融合，生产性服务内含的知识和技术也决定了装备制造业的竞争力。因此，对生产性服务业与装备制造业垂直分离和融合研究对提升我国装备制造业核心竞争能力和我国生产性服务业快速发展具有重要现实意义。

第三节　文献回顾及简要述评

与本书研究相关的文献主要有四类：第一类是与装备制造业发展有关

的文献；第二类是与生产性服务业发展相关的文献；第三类是与垂直分离相关的文献；第四类是与产业融合相关的文献。

一　关于装备制造业的研究

我国部分学者认为，本土装备制造业①的市场能力以及技术能力都远落后于发达国家，例如，陈爱贞等（2008）认为，国外先进技术和设备被国内下游最终需求部门企业引进对上游本土装备制造部门的市场产生挤压和替代效应。陈爱贞和刘志彪（2008）认为，我国装备制造业的发展长期以"自我服务"的封闭模式发展，由于生产性服务外化不足，本土装备制造业无法适应下游产品的需求变化。虽然不少跨国公司在中国设立了研发中心，并且跨国公司用优厚的待遇吸引了大批高级科技人才，但是跨国公司的研发中心基本为跨国公司制造业服务，同时也带来了本土研发机构的研发能力削弱和逆向技术扩散。陈爱贞和陈明森（2009）认为，我国装备制造业不但研发投入比例远低于发达国家，而且在引进技术过程中配套经费比例也相当低，设备更新换代速度慢。中国装备制造业的服务能力、品牌开发能力以及抢占市场能力也都远落后于发达国家。虽然中国通过合资方式获得一定的跨国公司技术，但基本都是二三流技术，与跨国公司合作研发基本不可能。

还有一部分学者从"为出口而进口"视角对中国装备制造业进行研究，巫强（2007）认为，由于中国国内装备制造业技术落后，出口厂商进口发达国家机器设备来提高产品质量，实现出口快速增长即产生了"进口引致型出口"效应。同时"为出口而进口"战略的实施也导致了中西部本土装备制造业的发展滞后。陈爱贞、刘志彪和吴福象（2008）认为，通过动态引进国外先进技术设备，会抑制本土企业的技术创新能力。我国装备制造业要从技术追赶和市场追赶两方面突破市场需求的限制。巫强和刘志彪（2009）认为，我国从国外大量进口先进机器设备导致了沿海地区出现了以消费品为主要内容的出口增长奇迹。通过垄断竞争贸易模型发现通过进口机器设备提高最终产品质量，并导致该行业整体出口扩

---

① 装备制造业是我国独有的概念，在其他国家则采用"机械工业"（Industrial Machinery Industry）或者"机械制造业"（Machinery Manufacturing Industry）提法。按照中国传统的国民经济行业分类方法，装备制造业主要分为金属制品业、通用设备制造业、专用设备制造业、交通运输设备制造业、电气机械及器材制造业、通信设备、计算机及其他电子设备制造业、仪器仪表及文化办公用设备制造业等。

张。陈爱贞和刘志彪（2011）通过投入产出表分析了我国装备制造业中间投入层次在各细分行业中的比重比较低，间接消耗资源和能源很多。"为出口而进口"的贸易模式造成我国制造业在全球价值链中的低端"自我锁定"效应。陈爱贞和钟国强（2012）通过计量检验表明，改革开放以来，中国已经从进口机器设备出口消费品到进口零部件出口机器设备的转变。

这些学者主要从不同角度说明中国装备制造业的技术能力落后，并且"为出口而进口"的贸易模式抑制了中国本土装备制造业自主创新能力，但是，生产性服务等高级要素投入带来的中国本土装备制造业自主创新能力的提升并没有涉及。

二 关于生产性服务业的研究

对生产性服务业的最早研究①是马克鲁普（Machlup，1962），他认为，生产性服务业是知识密集型产业。格林菲尔德（Greenfield，1966）对生产性服务业的概念进行了系统化研究，他认为，生产性服务是中间性投入。布朗宁和辛格尔曼（Browning and Singleman，1975）提出了生产性服务业具体包含会计、法律、咨询、保险等行业，为客户提供专业性的知识服务。另外，还有不同学者对生产性服务具体内容进行了补充，例如，哈伯特和纳特（Hubberd and Nutter，1982）、丹尼尔斯（Daniels，1982）、零韦尔斯和格林（Howells adn Green，1988）、格拉布和沃克（Gruble and Walker，1989）等。对生产性服务业包含的内容，有的学者认为，房地产业为企业生产提供租赁服务，应该属于生产性服务业；有的学者把投入产出表中间需求率大于50%的服务业称为生产性服务业，例如，申玉铭、邱灵等（2007）。另外，由于生产性服务业具体统计数据收集比较困难，因此大多数学者也都忽略了这类生产性服务中个人消费部分。到目前为

---

① 此前的经济学家基本上把研究焦点集中在有形产品生产的产业上，例如农业和工业等。但是也有部分学者研究了服务业，但是主要侧重于服务业的劳动到底是生产性还是非生产性的争论上。例如，斯密就认为，服务是一种非生产性劳动；而萨伊则把服务看作生产性劳动，但是，他认为的生产创造的是效用而不是物质；李斯特则认为，服务提供者创造的是"生产力"，既不是物质产品，也不是非物质产品。20世纪30年代后，才有费希尔（Fisher，1935）开创的三次产业分类法、克拉克（Clark，1940）的"克拉克定理"、库兹涅茨（Kuznets，1953）的产业结构变动理论等产业结构演变理论。

止，生产性服务业的内容还没有统一的标准①，但是大多数学者也都认同，生产性服务是产品生产或服务提供过程中的中间投入，它内含的知识资本和人力资本比较丰富，可以提升国民经济各产业的竞争力。

对服务业发展水平及服务业生产率研究，程大中（2003）认为，中国服务业总体增长速度很快，但存在服务业增加值比重低、就业比重低和人均增加值偏低、服务业劳动生产率增加值率滞后的特点。程大中（2004）根据中国服务业的统计数据，检验了鲍莫尔—富克斯假说，认为中国服务业劳动生产率增长率总体滞后，但是科学研究和综合技术服务业除外。中国服务业的需求价格基本缺乏弹性，又是停滞部门，在服务价格上涨情况下容易导致"成本病"。夏杰长、刘奕、顾乃华（2007）认为，制造业服务化可以提升竞争力，由于服务业的知识化，鲍莫尔的成本病将不治而愈。程大中（2008）用1997—2005年的面板数据分析了中美两国服务部门产业内贸易的决定因素。顾乃华和夏杰长（2010）认为，生产性服务业比重随着人均 GDP 的增加而增加；随着服务业比重提高，二、三产业生产率差距会逐渐缩小。刘书瀚、贾根良和刘小军（2011）认为，发达国家和发展中国家出现"经济服务化"现象时，我国却出现生产性服务业萎缩的"中国悖论"，并认为，由于我国处在全球价值链低端，出口导向型经济造成了我国生产性服务业严重滞后。郑吉昌（2011）认为，我国服务比重偏低的原因有：中国统计口径没有和国际接轨，我国部分服务业没有进行统计导致服务业比重偏低；计划经济时期，本该由社会提供的服务环节却由制造企业或事业单位来提供；制造业的国际代工模式等。刘志彪（2011）比较了江苏和大致相同人均 GDP 水平下日本的服务业，如果扣除掉统计因素、出口贸易因素和非大都市区等因素，江苏的服务业发展速度并不低。②

关于生产性服务业与制造业关系，顾乃华、毕斗斗和任旺兵（2006）总结了生产性服务业与制造业的四种观点：需求遵从论认为，生产性服务

---

① 本书按照 2007 年中国 42 部门投入产出表分类方法，按照制造业对各服务业各细分行业的中间需求率进行计算，中间需求率大于 40% 的服务业的看作生产性服务业。因此，本书的生产性服务业主要包括交通运输及仓储业，邮政业，信息传输、计算机服务及软件业，批发和零售业，金融业，租赁和商务服务业，研究与实验发展业，综合技术服务业等。由于信息传输、计算机服务及软件业制造业中间需求率为 38.8%，但是，本书也把其看作生产性服务业。

② 参见 http://www.ceh.com.cn/ceh/jjzx/2011/9/29/89344.shtml。

业是一种遵从和附属地位。供给主导论认为,生产性服务业供给不足带来了效率低下,制约了制造业和经济的增长。互动论认为,生产性服务业和制造业是彼此依赖的互动关系,制造业对生产性服务业有大量需求,服务业提升制造业效率。融合论分析了生产性服务业和制造业出现的融合趋势,产业边界越来越模糊。Hoeckman 和 Mattoo(2008)也认为,开放经济条件下制造业的竞争力取决于低成本和高质量的生产性服务业。费尔南德斯和保诺夫(Fernandes and Paunov,2012)研究发现,生产性服务业增加了制造业的创新行为,并且服务业 FDI 为滞后的公司追赶行业内领导型企业提供了机会。

部分学者通过实证研究发现,生产性服务对制造业的提升作用大于制造业对生产性服务的需求作用,例如,江静、刘志彪和于明超(2007)用中国各省份 1998—2004 年和各细分行业 1993—2003 年数据证实了生产性服务业的规模扩张促进了制造业的效率提升。生产性服务业可以促进资本密集型制造业和技术密集型制造业的效率提升,但是不能促进劳动密集型制造业的效率提升。但是,交通运输、仓储邮电业显著促进了劳动密集型行业效率提升,金融保险业显著促进资本密集型制造业效率提升,科学研究业对制造业效率提升具有一定程度的滞后性。路红艳(2009)认为,生产性服务业通过两个方面对制造业创新起作用:一是通过与消费者的互相接触,促进双方创新;二是知识密集型的生产性服务业本身就是创新源。阿诺德(Arnold,2008)检验了非洲制造企业的生产率与服务中间投入之间的关系,证实了服务业提升了下游经济体的竞争力,也是推动增长和降低贫困的本质因素。

还有学者验证了制造业对生产性服务需求作用更强,例如,Park(1989)通过 26 个不同收入水平国家投入产出表检验了制造业和服务业在性质和演化方面的关系,服务作为中间投入更依赖制造业。Guerrieri 和 Meliciani(2003)证实了生产性服务业是制造业部门的中间需求,制造业对生产性服务出口有正的影响。Guerrieri 和 Meliciani(2005)研究了一个国家如何成为金融、通信和商务服务等生产性服务业出口者,发达国家服务经济的竞争力取决于制造业结构,而这些制造业通过信息通信技术对生产性服务有大量需求。高觉民和李晓慧(2011)认为,生产性服务业与制造业存在互动关系,并且制造业对生产性服务业需求的拉动大于生产性服务业对制造业的促进作用。

邱灵、申玉铭和任旺兵（2007）从地理学视角研究了不同区域制造业对各种不同生产性服务业的需求差异。曹毅、申玉铭和邱灵（2009）应用天津1997年和2002年的投入产出表数据，对生产性服务业与制造业产业关联进行分析。喻春娇、郑光凤（2010）分析了湖北省投入产出表延长表，分析了直接消耗系数、感应度系数和影响力系数，分析了湖北生产性服务业与制造业的互动发展。制造业对传统生产性服务业和知识密集型生产性服务业依赖度比较大，但生产性服务业对制造业的直接消耗水平不高。

从技术关联及创新角度研究，原毅军和耿殿贺（2007）认为，生产性服务业脱离于制造业，两者间存在一定程度的技术关联。由于技术关联，生产性服务业与制造业相互影响。孔婷、孙林岩和冯泰文（2010）认为，中国目前的人力资本存量对制造业效率并没有产生显著影响，经济发展水平显著提高了制造业效率，生产性服务业间接提升了制造业效率。交通运输仓储、邮电通信和科学研究、综合技术服务水平较高时，技术创新促进制造业效率提升，金融保险没有显著提升制造业效率。

从生产性服务业与制造业共生角度研究的有，孔德洋、徐希燕（2008）从生态群落角度构建了生产性服务业与制造业的互动共生模型。孙久文和李爱民等（2010）在不考虑生物种群进化前提下研究生产性服务业和制造业共生模式。生产性服务业发展落后于制造业发展，二者为偏利共生，生产性服务业提升了制造业环境容量，但制造业没有提升生产性服务业环境容量。唐强荣和徐学军（2009）认为，生产性服务业和制造业种群数量受技术、制度和资源等环境因素制约，构建了制造业与生产性服务业的共生理论Logistic模型，通过1992—2005年的种群密度数值进行了实证分析，结论表明两个种群的动力学曲线近似看成Logistic曲线，两者的共生作用显著。

从外包的角度研究，刘明宇、芮明杰和姚凯（2010）认为，制造业基本活动外包可以实现规模经济，支持性活动外包可以实现专业化经济，并构建了生产性服务业与制造业价值链嵌入模型。肖文和樊文静（2011）认为，中国目前制造业外包主要以零部件为主，生产性服务业需求不足，代工生产阻碍了生产性服务业与制造业的关联。胡晓鹏（2012）认为，服务业FDI引起的服务业被动发展导致了全球化陷阱，表现为锁定了服务业低端化，外资服务业抑制了本土服务业发展和生产性服务业的产业安全问题。

这些学者从不同角度研究了生产性服务业的发展水平、生产性服务业与制造业的关系问题。但是，很少有学者从装备制造业角度研究生产性服务与制造业的关系。另外，也很少有学者深入研究中国生产性服务发展滞后的重要原因是生产性服务没有与制造业充分分离。

三　关于垂直分离的研究

垂直分离也可称作垂直专业化，指的是产品生产的不同环节分布在不同国家和地区。最早对垂直专业化问题进行研究的学者为巴拉萨（Balassa，1967）和芬德利（Findlay，1978）。随后几十年中，对这个问题的研究主要还有学者（Finger，1975；Krugman，1995；Arndt，1997；Freestra，1998）等。赫梅尔斯（Hummels，1998）认为，全球化一个重要特征是进出口总额在 GDP 中的比重增加，另一个重要特征是生产的国际化。企业产品不再集中在一个国家生产，而是不同的零部件在不同的国家生产，每个国家专业生产产品某一阶段的部件。后来，Hummels 和 Ishii（2001）把"垂直专业化"定义为：每个国家专业化生产一种产品生产过程的特定阶段，进口中间投入产品进行加工然后再出口。施蒂格勒（1998）从产业生命周期角度分析了垂直一体化与垂直分离。产业建立初期，市场上没有企业所需的新型原材料，只能自己生产。产业达到一定规模后，部分生产环节可以交给专业化厂商完成。赖特和汤姆森（Wright and Thompon，1986）用企业层面样本分析了企业垂直分离的过程，检验了施蒂格勒的"垂直分离是产业发展典型特征"的假说。

Amiti 和 Wei（2005）认为，虽然服务外包正在稳步增加，但是数额不大，在美国和其他工业化国家服务内包远远大于服务外包。发达国家在剥离非核心业务过程中，逐渐把产品价值链的低端环节转移到要素成本低廉的其他国家和地区，产品生产过程的不同环节开始被分散在全球不同地区。怀特尼（Whitney，1995）分析了用垂直非一体化分析了美国反托拉斯法促使电影院与电影制作公司垂直分离。20 世纪 60 年代中后期，美国出台政策鼓励企业剥离生产过程中的非核心业务。亚伯拉罕和泰勒（Abraham and Taylor，1994）指出，在 1972—1993 年间，美国商业服务业就业增长了 288%，建筑服务业就业增长了 124%，会计等服务业就业增长了 151%。Hummels 和 Ishii（2001）通过对 OECD 10 个国家和 4 个新兴市场国家投入产出数据的计算表明，这些国家在 1970—1990 年间垂直专业化指数增长了30%，并且这些国家30%的出口增长来自垂直专业化。

对垂直分离原因的解释主要有分工理论（Stigler，1976；Becker，1992；Young，1928）、技术变化对资产专用性的影响（Arrow，1994；Henderson and Clark，1990；Grossman and Hart，1986）、信息技术对搜寻成本的影响（Malone and Benjamin，1987；Clemons and Row，1992）等。斯密①（2001）指出，通过交换可以引起劳动分工，而分工却受到交换能力的限制，也就是说，分工受到市场范围的约束。当市场范围很小时，人们不会专门从事某种专业性劳动；而当市场范围扩大时，专业化的生产厂商才会出现。但是，马格林（Marglin，1974）则认为，斯密没有把企业内分工与产业内分工联系起来，而马克思则明确区分了工场手工业分工与社会分工，而后续的研究又逐渐深化了行业间的专业化分工（Yong，1928；Stigler，1951）。施蒂格勒（1951）认为，某产业在生命周期初期，由于该产业是新兴事物，该产业内的企业所需要原材料、零配件以及售后服务等在市场上买不到，从而都要自己生产；但是当该产业进入成熟阶段，中间投入品的生产一般会交给专业化的厂商完成。Ippolito（1977）利用第二次世界大战期间的造船行业的数据实证分析发现，行业规模的扩大确实带来了垂直专业化分工。

科斯（1937）最先解释了交易成本。他认为，交易成本包括交易前的收集信息成本和交易中的订立契约以及履约成本等。威廉姆森（2002）在此基础上发展了交易成本理论，把交易成本分为事前交易成本以及事后交易成本。由于人的有限理性而存在交易成本，签订合约不可能面面俱到。由于有限理性的存在，有可能存在机会主义，因此会产生避免机会主义的存在而产生的监督成本和适应成本。另外，他还用资产专用性来解释交易成本的存在，资产专用性可以防止交易双方无代价的转换供应商；此外，他还用交易频率、交易不确定性和资产专用性三个维度来分析交易成本。麦克拉伦（McLaren，2000）首次提出了市场加厚理论，假如市场中的垂直专业化企业越多，上游企业讨价还价的能力越强，从而上游垂直非一体化企业可以避免套牢问题。克劳奈维根（2002）把内核的机会主义倾向、外围的交易环境以及可信度结合起来，从制度环境、个人属性以及治理环境等方面考察交易成本，由于交易成本的降低，企业倾向选择垂直

---

① 参见亚当·斯密：《国富论》，杨敬年译，陕西人民出版社2001年版。

非一体化。

博南诺和维克斯（Bonanno and Vickers，1988）用双头寡占模型分析了垂直分离过程的利益动机，垂直分离对企业个人利益及集体利益都有好处。芬斯特拉（Feenstra，1998）提出"生产非一体化"的概念认为，由于全球贸易一体化导致了制造业在全球的生产非一体化，产品的中间投入比例越大，生产的垂直分离程度也越大。跨国公司通过供应链网络把分散在全球的生产环节联系起来。霍尔姆斯（Holmes，1999）用某产业中间投入购买值与该产业总产值的比例来衡量制造业垂直分离的程度。Lopez和Yadav（2010）认为，生产率更高的企业比生产率低的企业更倾向于进口中间投入。生产率高的企业选择国际外包，而生产率低的企业选择国内外包。赫梅尔斯（1998）把垂直专业化的原因解释为信息交流技术的进步和关税税率下降。

其他学者也从不同角度对垂直分离问题进行了研究，例如，格罗斯曼（Grossman，2002）用产业结构的一般均衡模型分析了垂直一体化公司可以生产自己需要的部件，但是需要承担比较高的治理成本。专业化公司可以在低成本下生产，但是需要花费一定成本来搜寻合作伙伴，并且供应商有违约的可能。格罗斯曼（2005）用外包和贸易的一般均衡模型来分析外包位置选择的决定因素，外包模型中包含了搜寻合作商的成本和在不完全合约环境中维护关系的成本。沃尔夫（Wolff，2001）认为，在20世纪80—90年代间，美国的制造业经历了外包或者服务功能的"合同外包"。制造业生产率的恢复是因为与滞后的服务业脱离。布赖德格曼（Bridgman，2012）构建了一个三阶段垂直专业化贸易模型，包含原材料、零部件和最终品部门。20世纪60年代贸易成本比较高时，原材料贸易起到了重要作用，贸易成本大幅度下降导致零部件贸易迅速膨胀。

国内学者对垂直专业化的研究，刘志彪等（2001）分析了垂直专业化的发生机制和测度方法，并从价值链治理角度分析了企业从垂直一体化到全球生产非一体化的变迁。卢锋（2004）在国内首次提出"产品内分工"概念，并通过汽车行业、计算机行业、玩具业等分析了"产品内分工"的表现和概念。他认为，产品内分工的基础是规模经济和比较优势；产品内分工的原因是生产环节的可分离性、技术进步、制度变迁、交易成本下降等。北京大学中国经济研究中心（2006）通过投入产出表计算，我国的垂直专业化指数从1992年的14%提高到2003年的21.8%。刘志彪和吴福象（2005）用江苏投入产出表计算进口中间投入与总产出的占比，得出江苏生产非一体化指数从 1997 年的 0.256% 提高了 2002 年的 0.281。徐毅（2008）对中国 35 个制造业细分行业外包率进行了测算，得出 1997—2002 年，制造业平均外包率提高了近 20%。这些学者对垂直专业化的研究总体上是从制造业原材料、零部件、机器设备以及最终品在全球价值链下的垂直分离来研究，而没有从生产性服务与装备制造业的角度来研究垂直分离问题，并且很少研究中国生产性服务与装备制造业分离问题。

关于国内学者对工业企业服务分离的研究，原毅军和刘浩（2009）验证了工业企业通过服务外包可以提升工业企业生产率，并能增加服务业产出。洪联英和刘解龙（2009）把进口垂直分离指数、出口垂直分离指数、进口垂直内销指数和出口垂直增值指数纳入一个统一的分析框架。唐玲（2009）借鉴芬斯特拉（1995）和汉森（Hanson，1999）的外包率计算方法，用 1997 年和 2002 年中国投入产出表计算中国制造业的总体外包率、制造业的物质外包率和服务外包率。结果表明，中国制造业的总体外包率很低，并且制造业的服务外包率远低于物质外包率。霍景东和黄群慧（2012）认为，中国服务经济发展滞后的重要原因是服务内置于工业部门。他用投入产出表分析了中国 22 个制造业部门的服务外包程度，检验了影响制造业部门服务外包的因素。霍景东和吴家森（2009）根据 1997年、2002 年和 2005 年中国投入产出表计算，认为商务服务是生产性服务业的核心，我国的生产性服务业发展滞后。我国的制造业在岸服务外包处于起步阶段，我国的在岸外包系数要低于离岸外包系数的增长。中国制造企业有服务外包的意愿，但是在国内没有合适的承接方，因此更多的是离岸外包。周世军、岳朝龙（2011）把企业主辅分离与工业企业分离服务进行区分，用服务成本、服务市场价格、交易费用、分离成本等变量构建理论模型分析了影响制造业企业服务分离的因素。这些学者的研究在一定程度上已经涉及本土制造业的服务分离问题，但是没有从生产性服务业与装备制造业的角度来进行研究，另外生产性服务从制造业分离出来后，还与装备制造业存在很强的关联效应，并且与装备制造业融合的趋势愈加明显。

四　关于产业融合的研究

产业融合的研究最早是罗森伯格（Rosenberg，1963），他通过分析 1840—1910 年美国机械工业的演化进程，发现技术融合首先出现在机械工业和其他使用机械的部门。垂直非一体化和融合共同推动了机械工业的专业化。缪勒（Muller，1997）把不同媒介之间的文字、图像、声音等信息经过整合后通过同一传输终端显示称为"数字融合"。数字经济时代，通信产业、计算机产业与娱乐产业之间正通过多媒体进行深度融合。约菲（Yoffie，1997）认为，企业通过采取技术创新战略，把互相独立的产品通过数字技术整合而表现出来的一种形态称为融合。技术创新导致了不同的产品由于功能相似而逐渐成为替代品。产业融合不仅是技术融合，还意味着产品融合。盖恩斯（Gaines，1998）用学习曲线分析信息技术在不同产业之间的替代和学习过程，并分析了信息通信产业融合的技术基础。萨哈尔（Sahal，1985）和多西（Dosi，1988）也提出了与技术相关的产业融合概念，他们认为成熟技术在不同产业之间扩散，即使在市场滞后部门也能产生一定创新行为。例如，半导体技术在计算机、无线通信和消费电子产业之间的影响等。植草益（2001）认为，"通过技术革新和放宽限制来降低行业间的壁垒，加强各行业企业间的竞争合作关系"就是产业融合①。欧洲委员会出版的绿皮书（Green Paper，1997）从三种视角看待融合：产业联盟和并购、技术和网络平台以及服务和市场。三网融合不仅是技术问题，还涉及商业模式、服务以及社会运作等。

关于产业融合的分类，格林斯坦和卡纳（Greenstein and Khanna，1997）把产业融合分为替代性融合与互补性融合。产业的边界由具有类似特征的产品决定，为了使一种产品更好地发挥效用，相关的其他产品需要共同使用。Gambardella和Torrisi（1998）通过对美国和欧洲32家最大的电子公司1984—1992年的数据分析认为，办公设备、计算机、无线通信和电子消费品在20世纪80年代出现不同程度的融合。他把产业融合分为四种类型：技术融合、产品融合、业务融合和市场融合。贝蒂斯（Bettis，1998）认为，企业用类似的资源与其他企业开展竞争，产业可以定义为使用同类资源生产的企业的组合。因此，可以从需求的角度（产品）来定义一个产业，也可以从供给的角度（资源、技术）来定义。在此基础上，彭宁斯和普拉纳姆（Pennings and Purannam，2001）扩展为需求互补性融合、供给互补性融合、需求替代性融合和供给替代性融合。而斯蒂格利茨

---

① 参见胡汉辉、邢华《产业融合理论以及对我国发展信息产业的启示》，《中国工业经济》2003年第2期。

（Stiglitz，2003）则把产业融合按照技术和产品的角度分为技术替代性融合、产品替代性融合、技术互补性融合和产品互补性融合。Malhotra（2001）则根据产业融合过程把产业融合划分为机构融合和功能融合，并按融合的不同程度进行了细分。此外，哈克林（Hacklin，2005）根据技术融合的新颖程度，把产业融合划分为横向融合、应用融合、潜在融合等。

关于产业融合机制的研究，大多数学者认同技术进步是产业融合的最主要原因，技术进步使企业有能力创新产品和工艺。例如，Lei（2000）分析了技术融合对产业结构演化和企业核心竞争能力提升等方面的影响。企业需要的通用技术在不同企业之间扩散，企业的商业模式也得到创新。Lee（2003）认为，由于不同的产业有共同的技术基础，技术的融合导致了产业的融合。沃茨（2001）把驱动产业融合的因素归因于技术驱动、规制的放松和需求驱动。其中技术驱动又包含数字化、智能网络结构的发展以及媒体平台的技术融合。需求驱动包括客户关系的个性化和解决方案的系统化。Amesse 和 Latour（2004）认为，20 世纪 90 年代电信设备制造业的变化可以归因于新技术的引入，并从契约和协议并购角度分析了产业之间的融合。Li 和 Whalley（2002）阐述电信产业价值链和市场结构的演化，由于关联企业可以自由地进入和退出，电信产业价值链逐渐进入网络融合状态。植草益（2001）认为，产业融合首先发生在产业内的不同企业之间，由于企业之间的竞争而纷纷采用新技术，由于新技术的采用，逼迫原来的政府规制逐渐放松，在这一过程中有企业的倒闭和合并，企业之间的不同业务进行整合而发生融合。周振华（2003）认为，在进入和竞争管制条件下，产业之间存在明确的技术、业务边界以及市场边界和运作边界，由于技术进步和管制的放松，产业之间的边界逐渐模糊，趋于融合。于刃刚（2006）在此基础上指出，还有其他因素会导致产业融合，例如企业并购、企业联盟等。陈柳钦（2007）认为，企业之间的竞争合作关系和跨国公司等因素导致了产业融合。

关于产业融合程度的研究，Fai 和 Tunzelmann（2001）从美国 875 家公司中选取了 32 家在 1930—1990 年间有专利记录的公司，把他们获得的专利归属为化学、电气电子、机械和交通四个部门，分别计算每家企业的专利在这四个部门的份额，并用两两产业专利份额的相关系数来衡量产业融合度。Gambardela 和 Torrisi（1998）用美国、加拿大和欧洲 32 家企业为样本，把这些企业在不同行业的专利数据、企业对某行业的投资数据、企业在各行业的收入数据等用赫芬达尔指数分析了 5 个样本产业的技术融合程度、业务融合程度以及市场融合程度。Duysters 和 Hagedoorn（1998）通过使用 EPO（欧盟专利局）提供的专利数据与战略技术联盟数据分别对计算机、无线通信和半导体产业进行线性回归，然后考察三者之间的融合程度。Wan 等（2011）认为，产业融合由技术进步、需求变化、规制放松和商业模式创新等驱动。用 1997 年和 2002 年中国投入产出表分别从供给/需求角度和互补/替代的视角来研究 ICT 产业之间以及 ICT 与国民经济各部门之间的融合程度。2002 年中国的 ICT 制造部门主要是供给融合，而 ICT 服务部门主要是需求融合；2002 年中国的 ICT 制造部门与服务部门存在高度互补性融合；ICT 产业融合在发展初期主要由技术驱动，发展到一定阶段后由需求驱动。林德（Lind，2005）认为，产业融合与技术变化和产业生命周期密切相关，并从技术生命周期的视角来分析产业融合，劳动分工将导致专业化市场及产业数量的增加。Bryce 和 Winter（2009）认为，可以用企业的平均就业规模，销售额或赫芬达尔指数法衡量产业之间的相关关系，另外还有集中度法、熵指数法以及剩余法等方法。

关于生产性服务业与制造业融合升级的研究，程大中（2008）利用经济合作与发展组织 13 个国家的投入产出表，分析了生产性服务业与制造业的融合程度。中国生产性服务业细分行业占总产出的比重都比较低，中国物质性投入较多，而服务性投入较少。黄莉芳（2011）用中间投入率和中间需求量等指标比较了 1992—2007 年中国生产性服务业嵌入制造业的程度。黄莉芳、黄良文和郭玮（2011）分析了生产性服务业对制造业技术溢出的前向关联效应和后向关联效应，并用 1999—2008 年制造业行业面板数据进行实证检验。汪德华、江静和夏杰长（2010）认为，生产性服务业与制造业融合影响制造业升级有两个原因，一个是生产性服务与制造业的分离有助于形成企业核心竞争力；另一个是分工专业化有助于形成规模经济。杨仁发和刘纯彬（2011）认为，生产性服务业与制造业存在分立、共生互动和融合等阶段。生产性服务业和制造业融合的基础动力是价值链相关，内在动因是技术创新，外在动力是规制放松。在融合过程中由原来的链式结构分解为价值活动网络，融合模式主要有互补式融合、延伸型融合和替代型融合。柳坤、申玉铭、张旺（2012）用中国1997 年、2002 年、2007 年投入产出表数据，认为生产性服务业与制造业融合深度不够。李文秀和夏杰长（2012）从技术变革的角度把服务业与制造业的融合划分为三种类型：嵌入式融合、交叉式融合和捆绑式融合；把影响服务业与制造业融合的因素划分为分工与专业化、信息技术进步和上下游产业的技术创新三个方面。

　　这些学者主要研究了产业融合的形成、分类、机制以及产业融合程度的测度，但这些学者对产业融合主要是从信息通信产业"三网融合"的角度来进行分析，而没有用装备制造业的生产性服务投入程度、生产性服务业的装备制造业投入程度、装备制造业对生产性服务的中间需求程度以及生产性服务业对装备制造业的中间需求程度等角度分析产业融合问题。

第四节　本书主要研究内容及技术路线

　　本书主要研究内容：

　　第一，研究中国生产性服务与装备制造业从垂直一体化到垂直分离的背景；比较分析国内外生产性服务与装备制造业垂直分离程度；分析影响生产性服务与装备制造业垂直分离的因素等。

　　第二，分析第三次工业革命及其与产业融合关系，分析第三次工业革命背景下生产性服务业与装备制造业融合的原因、类型和效应；分析装备制造企业价值链的垂直分离以及生产性服务业与装备制造业的融合问题。

　　第三，用1997年、2002年以及2007年中国及长三角地区投入产出表分析生产性服务业与装备制造业中间投入变化情况；生产性服务业各细分行业被装备制造业的需求情况变化；生产性服务业与装备制造业各细分行业的增加值率、影响力系数及感应度系数变化情况等。

　　第四，用经济合作与发展组织投入产出数据库中工业化国家美国、日本、英国、法国、德国、意大利、加拿大和发展中国家印度、巴西和中国21世纪头十年中期投入产出表的数据，比较分析这10个国家的生产性服务与装备制造业产业融合指标变化情况。

　　第五，分析工业化国家研发资本嵌入机器设备中，并通过出口效应对中国技术进步的影响，分析生产性服务进口以及机器设备进口等对中国技术进步的影响；并用计量模型分析生产性服务嵌入对装备制造业效率提升的作用。

　　第六，分析长三角地区上海生产性服务与江苏及浙江装备制造业的空间垂直分离，并考察了上海生产性服务业对江浙装备制造业效率提升的影响。

本书技术路线如图 1-1 所示。

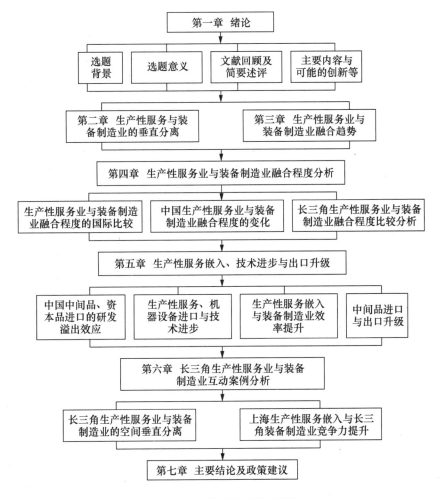

图 1-1 本书研究的技术路线

第五节 本书可能的创新与不足

一 本书可能的创新

（一）研究视角的创新

在产业组织从垂直一体化向垂直分离演进过程中，大多数学者研究的都是制造业的垂直分离问题。国外学者对制造业垂直分离的研究主要放在收入和就业上，国内学者则把研究重点放在垂直分离与贸易量增长关系上。本书从生产性服务外化不足的视角考察中国生产性服务业发展滞后问题，并从生产性服务投入不足的视角考察中国装备制造业竞争力落后的问题。

（二）理论方面的创新

目前大多数学者对产业融合的研究侧重于信息通信业的"三网融合"，并且大多数学者对产业融合的研究主要侧重于定性分析，定量分析也主要限于专利技术法。但是，第三次工业革命带来的产业融合已经不仅仅局限在信息通信业，第三次工业革命背景下的技术进步将促进生产性服务业与装备制造业深度融合。本书所讲的生产性服务业与装备制造业融合主要是装备制造业的生产性服务投入程度、生产性服务业的装备制造业投入程度以及生产性服务嵌入装备制造业带来的装备制造业升级等。

（三）研究方法的创新

本书用 WOID 投入产出表数据来分析中国生产性服务与装备制造业的分离程度，并对工业化国家和部分"金砖五国"进行比较。本书也对中国 1997 年、2002 年和 2007 年投入产出表以及经济合作与发展组织投入产出表进行数据挖掘，从而比较分析了装备制造业的生产性服务投入程度、生产性服务的装备制造业投入程度以及装备制造业对生产性服务的需求程度等。

二　研究不足与进一步研究的方向

本书研究的不足主要在于：

第一，在模型分析方面，没有将第三次工业革命背景下装备制造企业价值链垂直分离与产业融合的动态演化机制纳入统一分析框架，在模型构建以及参数设计方面相对比较简单。

第二，在实证研究方面，本书仅采用行业和地区数据分析垂直分离与产业融合问题；没有深入到企业层面分析上海生产性服务业对长三角装备制造业效率提升问题、没有从企业层面研究国外研发资本嵌入中间品和资本品中通过进口贸易产生的技术溢出机制等。

第三，在研究内容方面，第三次工业革命将带来装备制造企业生产方式与产业组织形式的巨大变化，其带来的生产性服务业与装备制造业的融合效应需要进一步深入研究。

第二章　生产性服务与装备
制造业的垂直分离

第一节　生产性服务与装备制造业从
垂直一体化到垂直分离

一　生产性服务与装备制造业的垂直一体化模式

一般认为，19 世纪末 20 世纪初是垄断资本主义形成时期，垄断资本主义的典型特征是垄断组织的形成，而垄断组织的形成伴随着企业的兼并和收购。企业通过兼并和收购进行纵向一体化和横向一体化，成为大型企业集团。19 世纪 80 年代后，美国钢铁行业、汽车制造行业、石油工业、交通运输设备制造业、机器制造业以及食品加工业等都不同程度出现垂直一体化企业。早期的垂直一体化主要是制造业的垂直一体化，福特汽车公司是垂直一体化经营模式的典型代表。① 由于企业采用垂直一体化经营模式，企业之间的购销费用、库存费用、搜寻和谈判费用等大大降低；企业之间原材料、零部件供需的不确定性有效降低，供货商的价格控制也有效避免；大型垂直一体化企业也构成潜在竞争者的进入障碍，可以获得一定程度的垄断利润。此后几十年，甚至到 20 世纪 80 年代前，大型垂直一体化企业都是美国乃至全球企业的主流经营模式。这一阶段，生产性服务也一般内置于现代企业。钱德勒（1987）把 1917 年美国制造业 2000 万美元以上资产的企业进行分析，发现 90% 的企业都是纵向一体化经营的。因此，他把 20 世纪美国经济的成功归因于垂直一体化的现代企业的大规模兴起。

---

① 参见李晓华《产业组织的垂直分解与整合》，经济管理出版社 2009 年版，第 10 页。

新中国成立后实行的是计划经济，计划经济时代为了满足生产和生活的需要，企业生产采取"大而全，小而全"的全能型经营模式。在这种"全能型"企业生产活动中，工厂的活动囊括原料采购、生产、销售等所有环节，甚至工厂里面也有自己的学校、医院、食堂、理发店、澡堂等各类辅助部门。尤其在机械制造行业，几乎每家企业都可以自己进行锻造、加工金属、热处理和焊接等，甚至螺丝、螺帽等零部件都要自己生产。虽然1956年中央提出过工业生产的专业化协作方针，但是，由于"大跃进"和"文化大革命"等带来的破坏，工业生产的专业化一直没有得到改善。在"全能工厂"模式下，大多数企业的成本要高于达到规模经济时的平均成本。虽然企业的生产规模很大，但是生产的批量很小，劳动生产率低下。改革开放后，国家曾试点推动工业企业零部件生产的专业化协作，政府依靠行政力量组建了一批专业化公司。由此，企业之间的分工不断深化，合作也在不断加强。但是，由于受经济体制、传统观念以及竞争环境的影响，制造业尤其是装备制造企业外包服务动力不强，并且外包生产性服务具有很强的系统性成本。因此，到目前为止，中国大多数装备制造企业需要的生产性服务仍然是通过自我服务来实现。

二 生产性服务与装备制造业的垂直分离模式

垂直分离是垂直一体化的相反过程，垂直分离也被称为垂直非一体（Vertical Disintegration）、外包（Outsourcing）、垂直专业化（Vertical Specialization）等。垂直分离是垂直一体化企业把自己生产环节中的原材料生产、零部件生产、人力资源、信息服务、设计、研发、销售等价值链基本活动或辅助活动分离出去，转而从企业外部购买或从国外进口。企业垂直一体化经营模式建立后，企业通过垂直一体化获得了垄断利润，实现了规模经济。但是垂直一体化经营的弊端也在逐步显现：企业的官僚体制正在逐步深化；企业管理的效率逐步下降；由于信息技术发展和运输成本下降，规模经济的效果难以发挥；由于企业不能专注于核心业务，企业核心竞争力下降。由于企业的垂直一体化已经不能适应市场的快速变化和激烈的市场竞争，越来越多的企业倾向于剥离非核心业务。1963年，美国政府出台了"生产分享计划"，通过增值税引导企业把劳动密集型生产环节剥离，专注于企业的核心业务。由于此政策取得了一定的效果，其他国家纷纷效仿，世界各国出现了外包高潮。如果说20世纪80年代前垂直一体化是产业组织的重要特征，那么20世纪80年代后，垂直分离已经变成了产业组织的新趋势（吴福象，2005）。

过度垂直一体化的企业实行"归核化"战略的同时，剥离一些非核心业务，强调把企业优势资源集中到有竞争优势的领域。随着信息技术和运输成本降低，发达国家把劳动密集型制造业外包给亚洲"四小龙"和日本，这些地区利用自己的低成本要素优势，积极承接制造业外包，成就了这些地区经济腾飞的奇迹。20世纪90年代后，日本和亚洲"四小龙"又把价值链的低端环节制造组装部门外包给中国等其他发展中国家，带来了发展中国家就业的增加和经济的快速增长。发达国家把价值链低端的劳动密集型环节外包给发展中国家，自己则专注于研发、设计、营销等价值链的高端环节，从而不断向价值链高端攀升，并承担价值链治理的角色。而价值链的高端环节基本上都是生产性服务业，导致发达国家服务业就业比重及增加值比重迅速增加，发达国家逐渐从"后工业社会"① 进入"服务经济社会"②。而发展中国家则承接发达国家的制造业外包，承担加工/组装等代工角色，并处在价值链低端，处于被压榨地位。发达国家与发展中国家之间形成了新的分工格局，即从产业间分工发展到产业内分工，进而发展到产品内分工，形成全球价值链分工体系。

（一）中国装备制造业与生产性服务业的垂直分离

吴福象（2005）指出，计算制造企业垂直非一体化程度的一种方法为中间投入与总销售收入的比值③，霍景东等（2012）用某工业部门中的服务业中间投入的比重来构建工业部门服务外包系数。本书借鉴霍景东等（2012）的指标构建方法，用 $DII_{it} = \sum_j X_i^j / Y_i$ 表示生产性服务与装备制造业部门 i 的垂直分离程度系数，其中，X_i^j 表示装备制造业 i 部门从外部购买的生产性服务中间品 j 的数量，j 包括机动车与摩托车的销售、保养与修理业，批发贸易（机动车与摩托车除外），零售贸易（机动车与摩托车除外），内陆运输，水上运输，空中运输及其他支持和辅助运输系统，邮政与电信业，金融服务业，机器租赁及其他商务服务业，教育业等。Y_i

---

① 后工业化社会最早由贝尔（Bell，1974）提出，他将人类社会划分为"前工业社会"（"农业社会"）、工业社会和"后工业社会"。其中"后工业社会"是服务经济社会，知识、科技在经济社会中占据重要位置，专业技术人员的重要性尤为突出。

② 富克斯（Fuchs，1968）在其《服务经济》中最早提出了美国率先进入了服务经济社会。

③ 马迪根（Maddigan，1981）指出，计算企业垂直一体化的方法主要有两种：一种是增加值与销售额的比值。另一种是全部产品与企业垂直链条的比重。

表示装备制造业 i 部门的总投入，i 部门包括金属制品业、机械制造业、电气及光学设备制造业和交通运输设备制造业等几个行业。数据来源为 WIOD（World Input - output Database）1997—2009 年中国的投入产出数据。

表 2 - 1　　1997—2009 年中国生产性服务与装备制造业各细分行业垂直分离程度变化

年份	金属制品业	机械制造业	电气机械及光学设备制造业	交通运输设备制造业
1997	0.11479	0.08456	0.08665	0.07642
1998	0.11554	0.09257	0.09438	0.08562
1999	0.11352	0.09744	0.09641	0.09143
2000	0.10856	0.09889	0.09295	0.09323
2001	0.11193	0.10431	0.0961	0.09526
2002	0.11589	0.10996	0.09792	0.0965
2003	0.09413	0.09551	0.09043	0.08669
2004	0.07957	0.08969	0.08952	0.08937
2005	0.07365	0.08702	0.09036	0.08899
2006	0.07293	0.08404	0.08829	0.08768
2007	0.07181	0.08341	0.09237	0.08585
2008	0.06487	0.08114	0.09355	0.08468
2009	0.07199	0.08701	0.09949	0.09005

从表 2 -1 可以看出，中国生产性服务与金属制品业垂直分离程度从 1997—2002 年稍有提高，2002 年达到最大值为 11.6%，但是，2002 年之后基本处于下降状态，到 2008 年只有 6.5%；中国生产性服务与机械制造业垂直分离程度从 1997—2002 年基本处于上升状态，2002 年达到最大为 11%，但是 2002 年后基本上也处于下降状态；中国生产性服务与电气机械及光学设备制造业垂直分离程度从 1997—2002 年稍有增加，但是 2002—2008 年又有所下降，金融危机后反而又有所上升；中国生产性服务与交通运输设备制造业垂直分离程度从 1997—2002 年也稍有增加，2002 年达到最大值 9.7%，而 2002 年后又有所下降。

改革开放以来，中国计划经济体制逐渐向市场经济转变，随着市场化的深入发展，地区之间的条块分割及地方保护主义逐渐被打破，价格机制在资源配置过程中开始发挥重要作用。国有企业经过"放权让利"、"利改税"、"拨改贷"、企业所有权及承包权分离等改革措施，活力不断增强。非国有企业从"非法企业"向"局部合法企业"以及"完全合法企业"转变，乡镇企业和民营企业也得到了很大程度发展。企业逐渐成为市场经济的主体，企业可以根据利润最大化原则来决定中间投入品是自己生产还是从外部购买。政府也通过行政手段推动企业专业化水平的提高，例如跨区域组建汽车企业集团，集团内部各企业进行分工协作来打破地方政府之间的条块分割。1997 年东南亚金融危机后，国有企业进行剥离非核心业务的"主辅分离"的改革尝试，因此，1997—2002 年，中国装备制造业企业从外部购买的生产性服务投入比重增加，2002 年达到最高峰。但是由于中国长期以来把研发、设计、营销等看作是企业内部的事情，观念滞后，改革不彻底，制约了生产性服务与装备制造业的分离。另外，虽然中国市场化程度有了很大程度提升，但是交易成本仍很大，而生产性服务业对交易成本很敏感，从而装备制造业更倾向于垂直一体化经营，不愿意分离发展生产性服务业。

（二）生产性服务与装备制造业垂直分离的国内外比较

本书选取了工业化国家美国、加拿大、德国、法国、英国、意大利和日本以及发展中国家印度、巴西和中国 10 个国家，运用 WOID 投入产出表比较分析这些国家装备制造业各细分行业的生产性服务投入情况，结果如表 2 - 2 所示。

表 2 - 2　　　　2009 年生产性服务与装备制造业各细分行业垂直
分离程度的国际比较

国家	金属制品业	机械制造业	电气机械及光学设备制造业	交通运输设备制造业
美国	0. 173403	0. 157146	0. 170309	0. 161467
加拿大	0. 139994	0. 132508	0. 17715	0. 177859
德国	0. 137631	0. 16535	0. 190105	0. 166862
法国	0. 208646	0. 244029	0. 286674	0. 216396
英国	0. 202225	0. 181439	0. 220347	0. 212837
意大利	0. 205457	0. 218366	0. 216882	0. 252963
日本	0. 140682	0. 16174	0. 162343	0. 102721
印度	0. 182358	0. 18961	0. 225366	0. 180364
巴西	0. 176009	0. 149312	0. 128081	0. 153196
中国	0. 061266	0. 084387	0. 094165	0. 088849

从表2-2可以看出，发达国家生产性服务与金属制品业、机械制造业、电气机械及光学设备制造业垂直分离程度都比较高，其中法国最高，分别达到了20.9%、24.4%和28.7%，印度和巴西与发达国家接近。但是中国生产性服务与金属制品业、机械制造业和电气机械及光学设备制造业垂直分离程度最低，分别为6.1%、8.4%和9.4%，远低于工业化国家以及其他发展中国家。生产性服务与交通运输设备制造业垂直分离程度也是工业化国家比较高，其中意大利最高，为25.3%，发达国家中日本最低，为10.3%。而中国生产性服务与交通运输设备制造业垂直分离程度仅为8.9%，还不到印度的一半，远低于工业化发达国家和其他发展中国家。

从以上结果可以看出，发达工业化国家以及巴西和印度装备制造业从本国购买的生产性服务投入比重都远远高于中国，而大量研究已经证明，生产性服务内含的人力资本和知识资本决定了装备制造业的竞争力。但由于中国装备制造业的生产性服务投入不足，导致了中国装备制造业的自主创新能力和竞争力落后。由于中国连年外贸顺差的增大，国外设置重重贸易壁垒，中国本土机器设备满足不了跨越国外贸易壁垒的国外质量和工艺要求，只能进口国外高技术机器设备，中国本土装备制造业的技术能力和市场能力被抑制。因此中国装备制造业只能通过提高生产性服务投入，进行自主创新，突破"为出口而进口"的恶性循环局面，从而实现中国装备制造业的升级。

第二节　中国生产性服务与装备制造业
垂直分离的影响因素

一　背景分析

新中国成立后实行计划经济体制，重工业优先发展，生产性服务一般内置于制造业。这种垂直一体化的经营模式带来种种弊端：首先，随着垂直一体化企业的规模扩张，企业的科层官僚体制逐渐明显，企业的管理成本和协调成本也逐渐增加，最终结果是规模不经济，降低了垂直一体化装备制造企业的效率和竞争能力。其次，现代社会企业面临的竞争环境越来越激烈，企业的竞争资源有限，装备制造业把资源分散在价值链的多个环节，不能充分发挥核心竞争优势。最后，垂直一体化的装备制造企业由于把研发、设计、人力资源、营销、法律等价值链环节都内置于企业，导致这些环节与外部市场脱节。由于缺乏外部市场需求，这些价值链环节专业化程度不高，也很难提升装备制造企业竞争力（吴福象，2007）。

大量研究证明，装备制造业竞争力的提升来源于生产性服务投入（江静和刘志彪等，2007；陈爱贞和刘志彪，2011；费尔南德斯和保诺夫等，2012），而中国装备制造业由于新中国成立后实行"大而全"、"小而全"的垂直一体化经营模式，生产性服务一般内置于装备制造企业，从而导致专业化的外部生产性服务投入不足。2012 年，中国服务业增加值占 GDP 的比重只有 43.2%，生产性服务增加值占服务业增加值的比重仅有 56.5%[①]，远远落后于经济合作与发展组织等发达国家 70% 的水平。2002 年后，中国装备制造业的生产性服务投入比重大幅下降，而中国装备制造业对生产性服务需求高速增长（楚明钦，2013），也说明了中国生产性服务与装备制造业的分离程度不够。因此，由于中国生产性服务与装备制造业没有充分分离，导致中国生产性服务专业化程度不足，由于专业化的生产性服务投入不足，从而带来了装备制造业竞争力的落后。

从国际经验来看，随着市场经济的深化，分工和专业化程度将会不断提升，生产性服务将会不断与制造业尤其是装备制造业分离并独立发展。但是在我国却存在"经济服务化悖论"（高传胜和李善同，2007）。中国的装备制造业为什么难以分离发展生产性服务业？到底哪些因素制约中国生产性服务与装备制造业垂直分离？通过对这些问题的研究，对加快我国市场化进程、深化我国的分工与专业化、促进我国生产性服务业独立快速发展和提升我国装备制造业的竞争力具有重要的理论意义和现实意义。

生产性服务以制造业为基础，并脱胎于制造业。随着分工与专业化发展，生产性服务将逐渐从制造业尤其是装备制造业分离出来，并成为独立的部门发展壮大（刘志彪，2006）。20 世纪 60 年代后，由于美国出台政策鼓励企业剥离非核心业务，导致了美国生产性服务就业高速增长，例如，亚伯拉罕和泰勒（1996）指出，在 1972—1993 年间，美国商业服务业就业增长了 288%，建筑服务业就业增长了 124%，会计等服务业就业增长了 151%。沃尔夫（2001）也认为，在 20 世纪八九十年代美国的制

---

① 《中国统计年鉴》（2012）。

造业经历了外包或者服务功能的"合同外包"。制造业生产率的恢复是因为与滞后的服务业脱离。原毅军和刘浩（2009）验证了工业企业通过服务外包可以提升工业企业生产率，并能增加服务业产出。而我国工业企业的生产性服务外包比例很低，以物流服务外包为例，中国工业企业原材料物流仅有18%由第三方物流承担，销售物流比例也仅有16%，甚至我国53%的工业企业有自己的车队，59%的工业企业拥有自己的仓库（杨玉英，2010）。

生产性服务外化可以由分工理论和交易成本理论来解释，斯密在《国富论》中指出，分工程度受到市场范围的限制，即市场范围比较小时，分工范围有限；但市场范围足够大时，专业化厂商大量出现。科斯（1937）用交易成本解释了市场和企业的边界，交易成本比较大时，企业自己生产中间投入品；当交易成本比较小时，企业倾向于通过市场购买中间投入品。威廉姆森（2002）在科斯交易成本基础上，从资产专用性、不确定性和交易频率三方面考察了契约带来的交易费用。由于交易费用的存在，企业需要考虑最优的边界。施蒂格勒（1998）从产业生命周期角度分析了垂直一体化与垂直分离。产业建立初期，市场上没有企业所需的新型原材料，只能自己生产。产业达到一定规模后，部分生产环节可以交给专业化厂商完成。怀特和汤姆森（1986）用企业层面样本分析了企业垂直分离的过程，检验了施蒂格勒的"垂直分离是产业发展典型特征"的假说。Amiti 和 Wei（2005）认为，虽然服务外包正在稳步增加，但是数额并不大，在美国和其他工业化国家服务内包远远大于服务外包。发达国家在剥离非核心业务的过程中，逐渐把产品价值链的低端环节转移到要素成本低廉的其他国家和地区，产品生产过程的不同环节开始被分散在全球不同地区。外包模型中包含了搜寻合作商的成本和在不完全合约环境中维护关系的成本。

还有学者研究了影响生产性服务外化的原因，例如，亚伯拉罕和泰勒（1996）指出，企业根据自身内外部资源禀赋进行战略决策，外部资源的专业化生产具有比较优势，因此企业倾向于从外部购买专业化服务。贝克和墨菲（Becker and Murphy，1992）以专业化分工为切入点，把工人工作时间分为专业化生产时间以及通过学习提升人力资本时间，而人力资本可以提升专业化效率。假定不存在交易费用，生产规模的扩大将会带来劳动分工的扩大，企业单位成本也将下降。但是，随着分工扩大，必然带来交易成本，而人力资本的提升又必将带来交易成本的下降和效率的提高。Zhang（2004）通过建立理论模型，考察了制造业垂直专业化的决定因素，并考察了垂直专业化对制造业劳动生产率的影响。唐东波（2013）根据 CEIC 数据库计算了中国制造业垂直专业化程度，并考察了市场规模、交易成本与中国制造业垂直专业化分工的关系。

　　由于装备制造业是一个国家的工业基础和"母机"，反映一个国家的核心技术和自主创新能力，本书将从装备制造业视角来考察生产性服务与制造业的分离问题。另外，大多数学者研究了制造业的国际垂直分离（吴福象等，2009），也有学者研究了工业企业服务外包的影响因素问题（霍景东和黄群慧等，2012），但并不是从生产性服务业的角度出发。虽然也有部分学者研究了中国制造企业分离发展生产性服务业问题（吴福象等，2007），但是并没有进行实证分析。本书将在 Zhang（2004）、霍景东等（2012）以及唐东波（2013）等人研究基础上，利用 WOID 投入产出表数据，计算中国生产性服务与装备制造业的垂直分离程度，并建立计量模型，用实证方法研究中国生产性服务与装备制造业的垂直分离问题。

　　二　理论模型

　　为了更好说明中国生产性服务与装备制造业的垂直分离，本书借鉴 Zhang（2004）和吴福象（2009）的方法①，假定经济中只有一个机器设备制造产业，该产业的就业人数为 L。该产业的每一位就业人员拥有 1 单位的劳动禀赋。该产业中只有 1 个企业生产机器设备最终品，但是同时有许多生产性服务提供商提供服务中间品。每 1 个生产性服务提供商都具有差异性，并且服务中间品具有一个连续统，可以记作：$x \in [0, 1]$。每 1 个生产性服务供应商专业化生产一种服务中间品，并且假定在均衡时每种服务中间品只有一个供应商。假定设备制造商使用劳动和生产性服务生产机器设备，生产出来的机器设备由 L 工人操作使用。机器设备制造商可以是一个组装企业，通过使用劳动和专业化的生产性服务把原材料、零部件以及半成品等组装起来。机器设备制造企业的生产函数可以表示如下：

$$f(l, m(x)) = l^{1-\alpha} \left(\int_0^1 m(x)^\rho dx \right)^{\frac{\alpha}{\rho}} \qquad (2-1)$$

---

　　①　本模型是在 Zhang（2004）与吴福象（2009）的基础上修改而成的。本书和 Zhang 不同的是，Zhang 研究的是制造业的国内垂直分离，而本书研究的是生产性服务与装备制造业的国内垂直分离。而吴福象研究的是制造业的跨国垂直分离，而不是国内的垂直分离。

其中，l 表示机器设备生产企业所直接使用的劳动力数，$m(x)$ 表示单位生产性服务中间品 x 的投入。生产函数具有 C—D 生产函数 $f(l, M) = l^\alpha M^{1-\alpha}$，其中 M 表示生产过程中所投入的全部服务中间品，其函数形式为 CES 形式，并且其具有不变规模报酬和不变替代弹性的特征，因此其生产函数可以写作：

$$M = \left(\int_0^1 m(x)^\rho \mathrm{d}x \right)^{1/\rho} \tag{2-2}$$

生产技术要求专业化生产性服务企业生产 1 单位的服务中间品需要 1 单位劳动力，机器设备生产企业能生产自己所需要的生产性服务，但是机器设备生产企业也可以选择从外部专业化生产性服务供应商那里购买。

如果机器设备制造企业能自己生产所需要的服务中间品，该企业按照生产机器设备的数量需要投入一定比例的额外的成本 γ，该成本用来协调企业内部各部门不同类型产品的生产。因此，机器设备制造企业自己生产服务中间品的话，如果要生产 $m(x)$ 单位的生产性服务 x，将会带来机器设备制造企业 $(1+\gamma)m(x)$ 劳动力的增加。另外，我们可以假定 $(1+\gamma) > 1/\rho > 1$，根据这个假定，协调成本应该足够高，这样，才能保证均衡的存在。而专业化的生产性服务提供商不需要有协调成本，因为它们只需要生产一种服务中间品，但是，生产性服务企业在成立时需要投入一定数量的固定成本 θ。机器设备制造企业需要从外部购买生产性服务，而在信息搜寻、谈判、订立合约以及监督合约实施时需要投入一定的交易成本 δ。为了分析方便，假定交易成本 δ 在一定时期内是固定的，并且其独立于产品数量。类似的，我们假定专业化生产企业需要承担交易成本 δ，因此，如果服务中间品由专业化的生产性服务企业提供，需要承担的劳动成本为 $m(x) + \theta + \delta$。也可以理解为，专业化生产性服务供应商的边际成本很低，但缺陷是要投入一定初始投资成本和交易成本。

假定机器设备企业产品价格标准化为 1，则机器设备生产企业的产量应该等于其价值。再设定 ω 表示机器设备企业所使用的劳动力工资，如果没有损失，假定机器设备制造企业从外部购买的生产性服务比例为 s，其取值范围为 $[0, s]$，则机器设备制造企业自制的生产性服务数量取值范围为 $[s, 1]$。另设定 $p(x)$ 为专业化生产性服务企业生产的服务中间品 x 价格，则机器设备制造企业选择使用最优的劳动数量 l 和从外部购买的生产性服务数量 $m(x)$，从而实现利润最大化：

$$\max\left\{l^{1-\alpha}\Big(\int_0^1 m(x)^\rho \mathrm{d}x\Big)^{\alpha/\rho} - \int_0^s p(x)m(x)\mathrm{d}x - \int_s^1 (1+\gamma)\omega m(x)\mathrm{d}x - \omega l\right\}$$

$$(2-3)$$

如式（2-3）所示，第一部分为总产出价值；第二部分为机器设备制造企业从外部购买的专业化生产性服务投入的总支出；第三部分为机器设备企业垂直一体化生产服务中间品所带来的劳动总成本；第四部分为直接生产机器设备所带来的劳动成本。

假定生产性服务产品的生产具有对称性，假定 m_s 代表专业化生产性服务厂商的均衡产出，p_s 代表专业化生产性服务厂商均衡价格，m_I 代表机器设备制造企业垂直一体化生产服务中间品时的均衡产出，则关于 m_s 和 m_I 的一阶条件如下：

$$\alpha l^{1-\alpha}\Big(\int_0^1 m(x)^\rho \mathrm{d}x\Big)^{(\alpha-\rho)/\rho} m_s^{\rho-1} = p_s \qquad (2-4)$$

并且

$$\alpha l^{1-\alpha}\Big(\int_0^1 m(x)^\rho \mathrm{d}x\Big)^{(\alpha-\rho)/\rho} m_I^{\rho-1} = (1+\gamma)\omega \qquad (2-5)$$

通过方程（2-4）和方程（2-5）可以得出：

$$\left(\frac{m_I}{m_s}\right)^{\rho-1} = \frac{(1+\gamma)\omega}{p_s} \qquad (2-6)$$

另外，迪克西特和斯蒂格利茨（Dixit and Stiglitz, 1977）定义了不变弹性，并确定了专业化的生产性服务企业产品的价格，通过对不变边际成本进行加成，从而可以得到 p_s 的结果，也就是说，专业化服务中间品生产企业的利润最大化意味着 $p_s = \omega/\rho$ [其中 $\varepsilon = 1/(1-p)$，并且 $\rho < 1$]，假定生产性服务产品供应商可以自由进入市场，我们可以计算出专业化生产性服务厂商的零利润条件：

$$\omega m_s/\rho = \omega(m_s + \theta + \delta) \qquad (2-7)$$

式（2-7）的左边为销售收入，右边为总成本，通过计算可以得出，专业化生产性服务供应商的均衡产出应该为：

$$m_s = \frac{\rho(\theta+\delta)}{1-\rho} \qquad (2-8)$$

把 $p_s = \omega/\rho$ 代入式（2-6）可以得出：

$$m_I = \big[(1+\gamma)\rho\big]^{1/(\rho-1)} m_s \qquad (2-9)$$

由于假定的生产函数为柯布—道格拉斯形式，很容易计算出机器设备生产企业劳动力数量为 $(1-\alpha)L$, 则剩下的劳动力则分配给专业化服务中间品生产厂商，因此，可以得出：

$$s(m_s + \theta + \delta) + (1-s)(1+\gamma)m_I = \alpha L \qquad (2-10)$$

其中，s 为机器设备制造企业从外部专业化生产性服务企业购买的差异化服务中间品比例，把式（2-8）、式（2-9）和式（2-10）联合起来可以解出 s 为：

$$s\left[\frac{\rho(\theta+\delta)}{1-\rho} + \theta + \delta\right] + (1-s)(1+\gamma)\left[(1+\gamma)\rho\right]^{1/(\rho-1)} \cdot \frac{\rho(\theta+\delta)}{1-\rho} = \alpha L$$

解得：

$$s = \frac{\dfrac{\alpha L(1-\rho)}{\rho(\theta+\delta)} - (1+\gamma)\left[(1+\gamma)\rho\right]^{1/(\rho-1)}}{1/\rho - (1+\gamma)\left[(1+\gamma)\rho\right]^{1/(\rho-1)}} \qquad (2-11)$$

由于前面假定 $(1+\gamma) > 1/\rho > 1$, 并且 $1 > \rho > 0$，因此可以得出：$(1+\gamma)\rho > 1$, $1/\rho - (1+\gamma)\left[(1+\gamma)\rho\right]^{1/(\rho-1)} > 0$。由于 $\dfrac{\partial s}{\partial L} = \dfrac{\left[\alpha(1-\rho)\right]/\left[\rho(\theta+\delta)\right]}{1/\rho - (1+\gamma)\left[(1+\gamma)\rho\right]^{1/(\rho-1)}}$，从而可以得出：$\partial s/\partial L > 0$。本模型以装备制造业就业人数代表市场规模，模型结论符合亚当·斯密（1776）的"市场规模限制劳动分工"理论。也就是说，随着机器设备制造企业规模的扩张，机器设备制造企业从外部购买专业化生产性服务的比例也在增加。

由于 s 的取值范围为 $[0, 1]$，因此，可以得到关于 L 的两个关键值：

$$\begin{cases} L \leqslant L_1 = \dfrac{(\theta+\delta)\left[(1+\gamma)\rho\right]^{\rho/(\rho-1)}}{\alpha(1-\rho)}, & s = 0 \\[4mm] L \geqslant L_2 = \dfrac{\theta+\delta}{\alpha(1-\rho)}, & s = 1 \end{cases} \qquad (2-12)$$

由于 $(1+\gamma)\rho > 1$, 并且 $\rho/(\rho-1) < 0$，因此可以得到：$L_1 < L_2$。故有：

命题 2-1：当以中国市场为本土装备制造企业产品的销售市场时，生产性服务与装备制造企业的垂直分离程度，随本土装备制造企业产业规模的扩大程度而递增。

通过命题 2-1 可以看出，当本土装备制造企业规模很小时，也就是 $L \leqslant L_1$ 时，机器设备制造企业所需要的全部服务中间品由该企业垂直一体化生产；当该企业的规模达到一定程度，也就是当 $L_1 \leqslant L \leqslant L_2$ 时，该机器设备制造企业开始逐步把内置的非核心生产性服务价值链环节分离出去，转而从外部购买专业化的生产性服务；当该机器设备制造企业的规模继续扩大到 $L \geqslant L_2$ 时，该机器设备制造企业将把价值链环节非核心业务全部外包出去，而自己则专注于价值链环节最核心的生产性服务，从而成为企业的总部。

另外，通过式（2-11）还可以得到：$\dfrac{\partial s}{\partial \delta} = \dfrac{-\left[\alpha L(1-\rho)\right]/\left[\rho(\theta+\delta)\right]^2}{1/\rho - (1+\gamma)\left[(1+\gamma)\rho\right]^{1/(\rho-1)}}$，由于前文已经证明：$1/\rho - (1+\gamma)\left[(1+\gamma)\rho\right]^{1/(\rho-1)} > 0$，从而很容易可以看出：$\partial s/\partial \delta < 0$。故有：

命题2-2：在生产性服务与装备制造业垂直可分离条件下，中国生产性服务与装备制造业垂直分离的程度，随着市场交易成本的下降而递增。也就是说，通过降低市场交易成本，可以提升生产性服务与装备制造业的垂直分离程度。

三　实证分析

（一）模型设定与数据来源

本书首先计算 1997—2009 年中国生产性服务与装备制造业各细分行业的垂直分离程度，并将其作为被解释变量。按照前面数理模型的结论，本节以市场规模和交易成本作为核心解释变量。由于外商投资企业已经经历了从垂直一体化向垂直分离模式的"归核化"转变，并且其专业化的生产模式与经营理念为中国装备制造业发展起到了示范作用。另外，中国装备制造业产业价值链各环节长期垂直一体化，由于服务业的税收体制、进入壁垒以及信用体系等各种体制障碍导致生产性服务业独立发展的成本比较大，近几年来，地方政府通过各种优惠政策鼓励工业企业分离发展生产性服务业，并取得了一定成效，因此本部分把外商直接投资、政府财政支出以及人力资本等作为控制变量建立计量经济模型：

$$\ln DII_{it} = \alpha + \beta_1 \ln GM_{it} + \beta_2 \ln TC_t + \beta_3 Z_t + u_{it} \qquad (2-13)$$

其中，α 表示截距项，$\beta_i(i=1, 2, 3, \cdots, 6)$ 表示各变量对 DII_{it} 的相关弹性系数。DII_{it} 表示中国 t 年生产性服务与 i 行业的垂直分离程度，数据采用表2-1中数据。其中，GM_{it} 和 TC_t 分别表示核心解释变量市场规模规模和交易成本；Z_t 表示控制变量，可以代表外商直接投资 FDI_t，政府财政支出 CZ_t 以及人力资本 RL_t 等变量。

$\ln GM_{it}$ 表示装备制造业 i 行业 t 年的市场规模的对数值，用 WOID 数据库中国装备制造业各行业 1997—2009 年历年总产出表示。[①] 按照斯密的市场规模限制劳动分工原理，市场规模的扩大将会带来分工的扩大以及专业化程度的提升。而分工和专业化程度的提升将会增加生产的"迂回性"，同时能带来"规模报酬"和劳动生产率的提升。因此，市场规模的扩大将会促进专业化分工，将会促进中国生产性服务与装备制造业的垂直分离。

$\ln TC_t$ 表示中国 t 年交易成本对数值，由于市场化程度越高，市场交易成本越低，因此本书采用樊纲（2011）计算的中国市场化指数作为代理变量。樊纲（2011）分别用政府与市场关系、要素和市场发育程度、非国有经济发展程度以及中介市场和法律制度环境等变量进行加权计算，得出 1997—2009 年中国的市场化指数。在市场化进程中，对生产者和消费者权益的保护以及对知识产权的保护都可以降低交易的不确定性，降低搜寻供应商和关系维护等成本，从而降低交易成本。而科技人员的专利申请数和授权数反映了技术变迁程度，而技术变迁也可以降低交易成本。按照科斯（1937）和威廉姆森（2002）的交易成本理论，交易成本越低，企业越倾向于通过市场进行交易。

$\ln CZ_t$ 表示中国 t 年政府支出规模的对数值，用中国 t 年财政支出占 GDP 的比重作为代理变量。由于新中国成立后中国实行计划经济体制，中国经济发展中政府主导作用比较大。在中国改革开放过程中，政府也通过奖励手段、出口退税政策以及各种其他税收优惠政策鼓励高新技术发展。由于新中国成立后生产性服务一直内置于装备制造企业，导致装备制造企业缺乏专业化分工和效率，近几年来，政府也是通过各种优惠政策鼓励制造业分离发展生产性服务业，例如，温州（2008）、南京（2009）、苏州（2010）[②] 等都取得了较好的效果。因此，中国的财政支出对生产性服务与装备制造业的垂直分离起了非常重要的作用。

$\ln FDI_t$ 表示中国 t 年的外商直接投资规模，用中国 t 年实际利用外资

---

① 本书借鉴唐东波（2013）和 Zhang（2004）的方法，用装备制造业各行业的产值代表该行业的市场规模的代理变量，装备制造业各行业的产值数据来源于 WOID 投入产出表中国 1997—2009 年的数据。

② 参见温州 2008 年 12 月出台的《关于推进我市工业企业分离发展服务业工作的实施意见》（温政办〔2008〕175 号文）；南京 2009 年 8 月出台的《关于推动服务业从工业企业中分离发展的意见》（宁政发〔2009〕194 号文）；2010 年 3 月 23 日苏州市人民政府文件《市政府印发关于鼓励制造企业分离发展现代服务业的若干意见的通知》（苏府规字〔2010〕9 号文）。

与 GDP 的比重作为代理变量。20 世纪 90 年代以来，中国大量引进外商直接投资。由于外商投资企业专业化分工程度比较高，并且外商直接投资企业有比较清晰的产权制度和现代企业制度，外商直接投资企业对中国企业起到良好示范效应和模仿效应。在外资企业的影响下，中国装备制造企业以及生产性服务专业化分工程度逐渐增加，生产性服务也将逐渐与装备制造业垂直分离。

$\ln RL_t$ 表示中国 t 年的人力资本，用历年中国普通高等学校每十万人中在校生数来表示。由于生产性服务属于知识、技术密集型行业，而高等学校可以培养高端设计、研发、法律、审计、金融、检测等专业化的生产性服务业人才。因此，人力资本的提升可以促进中国生产性服务业的专业化发展，从而促使生产性服务与装备制造业分离程度更高。数据来源为历年《中国统计年鉴》。

（二）计量结果分析

由于装备制造业一般是资本技术密集型制造业，并且装备制造业是制造业的基础和"母机"，装备制造业的发展为制造业提供装备支撑，因此本书比较分析了装备制造业与制造业整体分离发展生产性服务业的影响因素。本书首先分别以中国生产性服务与装备制造业的分离程度对数值 $\ln DII_{it}$ 为被解释变量，以市场规模对数值 $\ln GM_{it}$、交易成本对数值 $\ln TC_t$ 为解释变量，以外商直接投资对数值 $\ln FDI_t$、政府财政支出程度对数值 $\ln CZ_t$ 和 $\ln RL_t$ 等为控制变量进行面板数据计量分析。其中，模型（1）至模型（4）采用逐步回归法分析生产性服务与装备制造业垂直分离影响因素，模型（5）和模型（6）用生产性服务与制造业垂直分离作对比分析，模型结果都能通过计量模型检验。通过 Hausman 检验发现，装备制造业应该取固定效应模型，而制造业应该取随机效应模型。

表 2-3　　　　中国生产性服务与装备制造业垂直分离程度影响
因素计量分析结果

	装备制造业				制造业	
	模型（1）	模型（2）	模型（3）	模型（4）	模型（5）	模型（6）
常数项	-3.83*** (-4.15)	-3.93*** (-3.98)	-2.55** (-2.67)	-1.85 (-1.02)	-0.02 (-0.05)	1.67* (1.89)

续表

	装备制造业				制造业	
	模型（1）	模型（2）	模型（3）	模型（4）	模型（5）	模型（6）
$\ln GM_{it}$	0.23 ** (2.04)	0.26 ** (1.81)	0.36 *** (2.72)	0.33 ** (2.33)	0.13 *** (3.67)	0.11 *** (3.11)
$\ln TC_t$	−0.87 *** (−2.82)	−0.87 *** (−2.79)	−1.1 *** (−3.85)	−0.91 ** (−1.84)	−0.96 *** (−7.98)	−0.53 ** (−2.3)
$\ln FDI_t$		0.07 (0.31)	0.40 ** (1.87)	0.42 ** (1.91)	0.31 *** (2.74)	0.41 *** (3.39)
$\ln CZ_t$			0.58 *** (3.58)	0.69 ** (2.37)	0.69 *** (6.71)	1.01 *** (5.62)
$\ln RL_t$				−0.07 (−0.46)		−0.19 ** (−2.19)
固定效应	Y	Y	Y	Y	N	N
R^2	0.3448	0.3462	0.4939	0.4965	0.6877	0.6935
观测值	52	52	52	52	208	208

注：*** 表示在 1% 水平上显著，** 表示在 5% 水平上显著，* 表示在 10% 水平上显著。

通过模型计量结果可以看出，市场规模提升 1 个百分点，生产性服务与装备制造业分离程度提升 0.33 个百分点，而生产性服务与制造业整体的分离程度将提升 0.11 个百分点。模型结果符合斯密（1937）的"市场容量限制劳动分工"原理，即随着市场规模的扩大，分工和专业化程度将会加强，生产性服务与装备制造业和制造业整体的分离程度都在增加，并且生产性服务与装备制造业分离程度要比生产性服务与制造业整体分离程度要大。

由于本书用市场化程度作为交易成本代理变量，但是随着市场化程度的提升，生产性服务与装备制造业和制造业的分离程度并没有增加①，并且装备制造业比制造业整体更难分离发展生产性服务业。原因可能是中国这一时期市场化程度提升并没有带来交易成本下降，尤其是政府和市场的

① 本书的研究结果与唐东波（2013）有所不同，唐东波通过省级层面的市场化指数来作为交易成本的代理变量，并用三位数或四位数行业产值规模作为市场规模代理变量。经过实证分析表明，随着交易成本的降低，制造业的垂直专业化程度会显著提升。但是，本书研究的是生产性服务与装备制造业的垂直分离问题。

关系还没有处理好，许多需要由市场来办的事情政府仍在干预，许多该由政府来办的事情政府却缺位。另外，由于中国信用体系不健全，消费者和生产者违约现象经常发生，而打官司要耗费大量的人力、物力和财力成本，因此当出现自己的合法权益不能保证时，往往逆来顺受，导致这些违约现象很难通过法律途径去解决。此外，由于中国目前知识产权保护体系不完整，抑制了生产性服务企业独立发展的动力。由于这些问题的存在，导致中国目前交易成本还很高，因此装备制造企业不愿意从外部购买生产性服务，而倾向于把生产性服务内置于装备制造企业。

政府财政支出每增加1个百分点，生产性服务与装备制造业分离程度比制造业多0.18个百分点。中国改革开放以来经济增长迅速，但是，主要以政府为主导。理论上随着市场化程度的提升，装备制造企业会按照市场机制自发分离发展生产性服务业。但是，中国目前由于政府与市场的关系还没有理顺，装备制造企业不愿意自发分离发展服务业，从而导致只能靠政府优惠政策推动。地方政府对于分离出来的生产性服务业和原制造业企业，政府都要给予一定的财政奖励等政策来扶持，从而带来了生产性服务业独立发展。因此，在市场失灵情况下，需要由政府财政资金补贴生产性服务业独立发展成本，鼓励生产性服务业专业化发展。

外商直接投资的增加对中国生产性服务与制造业和装备制造业的垂直分离都有显著的正向影响。20世纪80年代后，发达国家制造业开始由垂直一体化经营逐渐向垂直分离转变，发达国家专业化生产带来了制造业效率的提升与生产性服务业的高速发展，因此外资的示范效应可以促进中国生产性服务与制造业和装备制造业的分离。

理论上讲，人力资本的提升将会促进装备制造业分离发展生产性服务业，并且会提升生产性服务业竞争力。但是，计量结果显示，人力资本对装备制造业分离发展生产性服务业不显著，但是，对制造业有显著负向影响。原因可能是高等学校虽然培养了大量高素质人才，而这些人才的培养以从事研发、设计、营销等生产性服务业为目标，但中国目前的产业结构仍然以制造业为主，导致毕业后想进入生产性服务行业的高素质人才没有用武之地，这也是中国目前大学生就业难的一个重要原因。

四　结论

通过本节分析可以看出：市场规模的扩大促进了劳动分工，即随着分工和专业化程度的提升，生产性服务将逐渐与装备制造业分离；近几年来，虽然中国市场化程度得到很大提升，但是由于中国的信用体系不健全、法律纠纷不能得到有效处理等因素导致契约维护成本高，从而导致中国的市场交易成本很高。中国交易成本降低的程度不足以抵消生产性服务独立发展的成本，因此抑制了中国生产性服务与装备制造业的垂直分离。由于中国市场化程度不高，市场的力量不足以使装备制造业分离发展生产性服务业，因此需要政府财政政策的支持，政府需要通过政策优惠、补贴和奖励等措施弥补生产性服务业独立发展的成本，从而引导生产性服务逐渐从装备制造业中分离。

另外，外商直接投资的进入带来了大量先进技术和管理经验，外资企业的专业化经营模式带来的高效率也为中国本土装备制造业和生产性服务业的发展提供了示范效应。因此，外商直接投资比重的增加也促进了中国生产性服务与装备制造业的垂直分离。尽管近年来中国高等教育水平得到了很大程度的提升，但是，中国目前产业结构仍然以制造业为主导，导致高等学校培养的高素质生产性服务人才没有用武之地，导致人力资本的提升并没有促进中国生产性服务外化。

因此，政府要引导装备制造企业充分利用第三次工业革命的技术成果，通过技术进步扩大装备制造业的市场规模，通过市场规模的扩大促进专业化分工，进而通过专业化分工促进生产性服务与装备制造业的垂直分离。另外，政府还应该加快中国的市场化进程，通过市场化程度的提升降低交易成本，进而促进生产性服务的发展，并能吸纳大量高素质生产性服务业人才就业。第一，要厘清政府和市场的关系，加快政府职能转变，原本由政府来承担的监督、服务等职能要逐步移交给行业协会或中介服务机构，促进商务服务业的发展。第二，建立装备制造业现代公司制企业制度，让装备制造业成为政企分开、产权明晰、自主盈亏的市场交易主体，使专业化分工成为提升效率的重要的方式。第三，鉴于目前我国电信、邮政、铁路、民航、金融等生产性服务行业基本都处于行政垄断状态，民营资本难以进入这些行业。政府要放松这些行业的进入壁垒，引入竞争机制，允许民营资本进入，按照市场化原则进行资源配置。第四，政府要创造良好的市场交易环境，维护市场交易秩序，降低通过市场交易方式获取中间品投入的成本。第五，由于所有财政政策的实行都需要有财政资金的投入。因此，政府应该调整财政资金投入结构，通过政策引导促进生产性服务与装备制造业的垂直分离。

第三章 生产性服务业与装备制造业融合趋势

第一节 第三次工业革命与产业融合

一 第三次工业革命

2012 年问世的美国未来学家杰里米·里夫金教授的《第三次工业革命——新经济模式如何改变世界》引起了全世界广泛关注。他用主导社会的动力能源和通信方式把工业革命分为三个阶段：第一次工业革命标志是 18 世纪 60 年代后蒸汽机的使用和推广，蒸汽机的主要动力来源是通过燃烧煤炭获得蒸汽，能源结构也以煤炭为主体，报纸、杂志、书籍等印刷品是社会信息交流的主要方式。第二次工业革命发生于 20 世纪初期，表现为内燃机和电气通信设备的广泛使用，内燃机改变了以煤为主要能源的动力模式，石油成为人类社会的最主要能源。电话、电报、电视等各种电气电子产品不断涌现，成为社会的主要通信方式。目前的世界正处于第二次工业革命将要终结，第三次工业革命将要到来的时代。第三次工业革命基于将要出现的"物联网"、"云计算"等信息技术，可再生能源将取代煤、石油等化石能源，新能源将与互联网深度融合即能源互联网。第三次工业革命有五大支柱：可再生能源广泛使用；每一栋建筑可以变成一个微型发电厂；运用氢存储技术存储间歇能源；利用互联网把世界各地的微型建筑发电厂互联；燃料电池动力车和插电式动力车等（杰里米·里夫金，2012）。

三次工业革命的另外一种划分模式是第一次工业革命源于 18 世纪 60 年代后蒸汽机的改良和推广，手工"工场制"逐渐被机器大工业的"工厂制"取代，机械化生产模式成为工业社会的主要生产方式；第二次工业革命源于 20 世纪初期被称为"福特制"的流水线生产方式（黄群慧等，2013）。在福特制模式下，科学管理与生产标准化紧密结合，每个工人只负责流水线程序上的某一道工序。流水线上的每一道工序简单化、程序化，提高了生产过程的自动化和机械化，同时提高了工人的劳动强度，提高了生产效率，也降低了生产成本。第二次工业革命使企业从分散的小规模手工企业逐渐通过兼并重组转变为垂直一体化的大规模生产企业，企业生产过程中的原材料生产和精炼、零部件生产和组装、批发与零售、研发、设计、金融等环节都由企业内部完成。第三次工业革命正在孕育和发展阶段，但还没有形成产业化，相关配套设施和产业发展也远未完成。第三次工业革命将从"大规模生产"的流水线生产方式向"大规模定制"以及"个性化制造"等生产方式转变。传统的铁、铜、钢等金属制品材料将逐渐被纳米材料、复合材料等新材料所取代，化石能源也将逐渐被太阳能、风能等新能源取代。第三次工业革命将以"3D 打印"技术为代表，新材料技术、新能源技术、物联网技术、工业机器人技术以及"云计算"等技术将深度融合，人类生产和生活方式都将发生重大改变。

二 产业融合

美国学者罗森伯格（1963）最早从技术融合视角分析了产业融合。他分析了 1840—1910 年美国机械工业的演化进程，不同的机械工业部门开始使用相似的磨光、钻孔等技术，因此技术融合首先出现在机械工业和其他使用机械的部门。由于技术融合，原来相互独立的机械工业部门联系日趋紧密，并逐渐发展成新的产业。例如，自行车等交通工具制造业、缝纫机等纺织工具制造业都是通过技术融合而发展起来的。缪勒（1997）主要从"数字融合"视角分析了产业融合，他把不同媒介之间的文字、图像、声音等信息经过整合后通过同一传输终端显示称为"数字融合"。数字经济时代，通信产业、计算机产业与娱乐产业正通过多媒体进行深度融合。约菲（1997）认为，企业通过实施技术创新战略，把互相独立的产品通过数字技术整合而表现出来的一种形态称为融合。技术创新导致了不同的产品由于功能相似而逐渐成为替代品。产业融合不仅是技术融合，还意味着产品融合。欧洲委员会出版的绿皮书（Green Paper，1997）从三种视角看待产业融合：产业联盟和并购、技术和网络平台以及服务和市场。植草益（2001）认为，"通过技术革新和放宽规制来降低行业间的壁垒，加强各行业企业间的竞争合作关系"就是产业融合。

　　早期的产业融合主要侧重于信息通信业的融合，例如，植草益（2001）分别从电信和邮政、电信和信息处理、电信和传媒、电信与互联网等信息通信各行业分析了产业融合，另外，他也提到了物流业、能源以及金融业的产业融合也在加速进行当中。马健（2003）在信息产业内部融合基础上，把产业融合延伸到信息技术与传统产业以及与新兴边缘产业的融合，并且通过信息技术与其他产业的融合来促进产业升级。于刃刚（2006）把产业融合延伸到金融业、物流业以及能源产业等，分别考察了金融业内部的融合以及信息技术与金融业的融合、信息技术与物流业以及物流业的跨产业融合、能源产业的技术创新与并购等融合类型。周志丹（2012）则从生产性服务细分行业中的信息服务业出发，分别从制造业内部、产业链和价值链三个角度考察信息服务业与制造业的融合，发现信息服务业在促进制造业发展的同时，制造业也支撑了信息服务业的发展。

　　随着第三次工业革命的逐步推进，产业融合已经不限于信息通信产业内部的融合，也不限于信息产业与制造业以及金融业、物流业和能源产业的融合。在第三次工业革命推动下，制造业尤其是装备制造业价值链将逐步解体，原制造业价值链中的设计、物流、人力资源、营销以及售后服务等将逐步外化而成为独立运作主体，但是，独立出来的生产性服务与制造业母体存在密切的产业关联。不同的是，独立出来的生产性服务不仅为原制造业母体服务，而且还为更多的相关企业服务，从而成为专业化的生产性服务提供商。这样，分离出来的价值链活动单元，逐步形成混沌的价值链活动网络，并通过一定的市场选择与价值链网络中的其他活动单元自由组合，从而形成价值链的融合。因此，本书所讲的产业融合主要是指第三次工业革命推动下，装备制造业价值链分解与融合的过程。

三　第三次工业革命推动产业融合

　　工业革命推动了经济起飞和社会发展，在此背景下，由于分工和专业化发展，企业专注于核心业务的发展，剥离非核心业务。由于交通运输和通信技术的进步，装备制造企业把劳动密集型制造环节剥离到成本相对低廉的发展中国家，后来又把信息技术、物流、商务流程等部分生产性服务环节分离到本国乃至其他国家和地区。生产性服务与装备制造业分离的同时，生产性服务与装备制造业还存在一定的产业关联效应。装备制造企业对生产性服务的需求拉动了生产性服务业的发展，生产性服务对装备制造业的投入推动了装备制造业竞争力的提升。

驱动第三次工业革命不断深化的力量在于数字制造、人工智能、新材料等技术的创新性突破（黄群慧、贺俊，2012）。2008 年金融危机发生后，美国为了扭转虚拟经济过度膨胀局面，开始逐步实施"再工业化"战略，大量增加科技经费投入，发展高新技术制造业、新能源产业、环保产业以及信息产业等。经济合作与发展组织其他国家为了摆脱金融危机影响，也纷纷增加科技经费的投入，把科技创新作为摆脱金融危机的主要手段。例如，美国的《制造业促进法案》以及欧洲的《未来工厂计划》都明确提出了通过研发投资促进技术创新和高效能制造。经过几年时间的发展，新的科技革命成果将会陆续涌现。在第三次工业革命中，企业之间的边界越来越模糊，企业价值链上生产环节逐步成为独立的核算主体，通过网络、信息等手段跨越企业边界与外部供应商等发生普遍联系。原来的竞争对手，也因为市场、技术、业务、产品等形成协同竞争的网络关系。模糊的企业边界使企业的触角伸到市场的所有角落，企业内部结构将处于扁平状态，层次精简，富有弹性，便于信息交流。通过这种方式，先进制造技术生产的每一个环节，包括研发、设计、制造、销售等都融合于企业管理信息系统中。因此，在第三次工业革命背景下，生产性服务业与装备制造业将会深度融合。

第二节　生产性服务业与装备制造业融合

一　生产性服务业与装备制造业融合的动因

（一）第三次工业革命背景下的技术进步是生产性服务业与装备制造业融合的主要动因

2008 年金融危机发生后，世界各国加大研发经费投入来摆脱危机。例如，2009 年 2 月美国出台《美国复苏与再投资法案》，提出 133 亿美元的科技创新投资法案，在新能源、先进医疗技术、航空航天领域、网络与信息技术研发领域都分别获得联邦政府投资。[①] 2009 年 4 月日本公布了《2009 年技术战略路线图》，并且在创新性技术和能源性技术方面投资分

---

① 参见姚海林《西方国家"再工业化"浪潮：解读与启示》，《经济问题探索》2012 年第 8 期。

别增加了9%和16%。① 此外，欧盟、韩国和印度也加大了对高技术领域的战略部署。中国近几年来也大量增加研发经费的投入，2011年中国全社会研发经费投入达到8687亿元，占GDP的比重达1.84%，已经成为世界第二研发投入大国。专项科技经费投入的增加将会增加该领域科学成果和技术发明的出现，导致该领域创新能力的提升。

由于不同的产业有不同的生产技术和工艺流程，从而在不同产业之间形成一定的技术性壁垒，并在各产业之间形成一定的技术边界。但是技术创新具有外部性，当某领域的技术创新被普遍应用时，技术创新会产生一定扩散效应，扩散效应又必然带来一定的技术溢出。阿罗（Arrow，1962）最早提出了企业的技术创新会带来技术溢出，追求利润最大化的企业都会投入一定的研发费用，降低生产成本或开发新产品。但是企业的研发投入产生的知识具有一定传播性质，将会渗透到其他企业或产业。由于技术溢出，各产业之间的边界会产生一定的技术融合。技术融合最早由罗森伯格（1963）提出，他通过分析1840—1910年美国机械工业的演化进程，发现技术融合出现在机械工业和其他使用机械的部门。例如，计算机芯片技术提升了装备制造业的自动化水平；微电子技术与传统机械工业融合产生了数控机床、工业机器人；信息技术与汽车制造业技术的融合提升了汽车的性能、降低了研发时间和成本；卫星定位技术与计算机技术与汽车制造业技术的融合使汽车成为集多功能为一体的多媒体运输工具等。

技术进步是产业融合的前提条件，研发投入的增加促进了技术创新和技术进步，技术进步促进了产业之间的技术边界逐渐消失，从而促进了技术融合。通过技术融合，国外先进技术和国内技术可以进行一定衔接，可以把技术引进、消化、吸收、创新、改进、扩散看作是技术融合的全过程。如果技术融合能力差，引进的技术要素与原有的技术要素差距过大，技术口径不统一，技术要素协调成本增加，技术融合将会非常困难。技术创新使不同产业之间存在替代性或一定关联性的工艺、技术或产品，它们之间相互渗透、扩散进而融合并产生了新的产业。但是，技术融合不一定会导致产业融合，技术融合只是产业融合的基础，业务融合是产业融合的必要条件，管理融合是产业融合的过程，市场融合是产业融合最终形成的结果。因此，产业融合除了经历技术融合外，还要经历业务融合阶段、管

① 参见 http://chinaeast.xinhuanet.com/zhuanti/2009-06/23/content_16891618.htm。

理融合阶段和市场融合阶段，才能最终完成产业融合（马健，2003）。

（二）规制放松是生产性服务业与装备制造业融合的外因

20 世纪 90 年代中期以来，美国通信和媒体市场经历了一次非常显著的规制放松和自由化过程（Wirtz，2001）。自此，美国的信息通信各产业的边界逐渐模糊化，各产业之间相互渗透、相互交叉，从而不断趋向融合。"规制"反映了市场与政府的关系，由于"市场"有可能存在"失灵"，政府为了弥补"自然垄断"或"外部性"等带来的效率损失问题，政府通常采取措施进行"规制"。由于规制的存在，各产业之间存在一定的进入壁垒，例如，规模经济的要求、行政性准入等政策壁垒，但是，"规制"的制定由于容易被利益集团所"俘获"，从而逐渐偏离了社会利益最大化的初衷，后来的可竞争市场理论（Baumol and Panzar，1982）为规制的放松提供了理论依据。

另外，随着 20 世纪 90 年代后信息技术的蓬勃发展，不同产业的生产工艺和技术流程迅速改变，不同产业的技术性壁垒也逐渐消除，各产业之间的边界趋于模糊。通用性技术不断融入各产业生产流程中，技术融合带来了各产业之间的替代性竞争，自然垄断行业的成本函数由于技术融合而发生了改变。在此情况下，政府规制的弊端逐渐显现，发达国家开始适应经济发展要求，在电信、交通运输等自然垄断行业逐渐放松规制，规制的放松进一步推动了产业之间的融合。例如，1977—1978 年美国出台的"航空规制缓和条款"等（吕政等，2006）。由于计划经济时代对服务业的过度"规制"，中国生产性服务业的进入壁垒比较多，从而导致生产性服务的专业化分工不够。随着中国市场化的逐步推进，政府各种规制将逐渐减少，外化的生产性服务业将逐渐与装备制造业融合发展。

（三）价值链的可分性

波特（1985）提出了价值链理论。他认为，任何一个企业都是由价值链基本活动和辅助活动构成的价值链组合。价值链基本活动主要包括内外部物流、生产作业、营销和售后服务等；价值链辅助活动主要包括采购、技术开发、人力资源以及企业的财务、会计、法律等。施蒂格勒（1951）认为，在产业发展初期，企业生产所需要的中间投入只能自己生产，从而价值链各环节内置于企业。但是随着产业发展规模的扩大，许多价值链环节可以由企业外部专业化厂商提供，从而实现价值链各环节与原企业的分离。按照波特的价值链理论，企业的竞争优势在于价值链基本环节中的设计、营销以及价值链辅助活动中部分环节的分离，价值链各环节的分离带来了企业的成本优势与差异化优势，从而企业能够专注于自己的核心业务。而分离出来的价值链辅助环节与部分基本环节不但与原企业存在密切的垂直联系，还与其他企业存在密切的垂直联系，从而形成错综复杂的价值链网状结构。这样，企业有限的资源可以投入到核心价值链环节，而非核心价值链环节可以通过外部专业化的价值链网络获取，从而获得专业化优势。另外，价值链核心环节的运行好坏直接影响到企业整体的竞争力，从而价值链环节的差异带来了企业竞争力的差异。

（四）相关需求驱动

第二次工业革命的重要成果是通过机器设备进行"流水线"生产"标准化"产品，从而带来企业生产的"规模经济和范围经济"，显著降低了企业的生产成本，大幅度提高产品的质量和精度。企业成本的降低带来了市场需求的增加，市场需求的增加为企业提供了更大规模生产的动力。正如钱德勒（2006）指出，规模经济和范围经济是工业资本主义发展的原动力。但是，在第三次工业革命背景下，虽然企业大规模生产的供给能力剧增，但是，"同质性"产品市场已经趋于饱和，消费者"个性化"需求得到强化。由于知识、技术密集型生产性服务具有"异质性"，而"异质性"的生产性服务投入的数量和质量决定了装备制造业的竞争力，而高智能的机器设备可以满足不同消费者"挑剔"的个性化需求。因此，"个性化"的消费者需求迫使装备制造业使用"异质性"生产性服务投入，装备制造业对生产性服务需求的增加也推动了生产性服务与装备制造业的融合。通过生产性服务与装备制造业的融合，柔性生产系统广泛应用于生产领域。柔性生产系统可以生产多品种、小批量产品，可以满足不同客户的"个性化"需求。

二　生产性服务业与装备制造业融合的类型

（一）信息技术业与装备制造业的融合

信息技术包括微电子技术、计算机硬件技术、计算机软件、"物联网"技术、"云计算"技术等。信息技术已经广泛应用到金融、航空、装备制造业、教育业、交通运输业等部门，但是信息技术对经济社会最主要的影响还是信息服务与装备制造业的深度融合。装备制造业充分吸收和利用信息处理技术、自动化技术，利用现代管理技术，通过三维 CAD 进行机器设备的结构设计、外观设计以及强度设计等创新设计，利用计算机进行辅助生产和自动化控制，生产数控机床或工业机器人等。装备制造业同时用 ERP 系统进行生产的实时控制，并通过物联网进行电子商务。

3D 打印机就是信息技术与装备制造业融合的典型代表，3D 打印通过用数字模型把数据输入 3D 打印机系统，并逐层添加工艺和各种类型的原材料，从而打印出"一次成型"的实物产品。3D 打印机可以根据个性化需求进行个性化设计，消费者可以自己参与产品设计过程，并能以家庭或个人为单位进行"微制造"等分散化生产。另外，人工智能与工业机器人也是信息技术与装备制造业融合的产物，装备制造业利用"云计算"和"超级宽带"等技术通过人工智能进行数据深度挖掘和智能决策，工业机器人也开始向对复杂环境的自适应能力和多种感知能力方向发展。

（二）物流服务业与装备制造业的融合

根据物流行业统计报告，我国交通运输及仓储总费用占我国制造业物流总费用的 85% 左右（刘秉镰，2010）。由于新中国成立后实行的是"大而全"、"小而全"的计划经济体制，物流服务一般内置于装备制造企业内部，甚至部分大型装备制造企业还有自建的铁路线路，都有自己的仓库和运输工具，都有自己的销售部门等。而 20 世纪 90 年代美国 500 强的物流外化程度从 40% 提高到了 2004 年的 80%，美国和欧洲物流费用投入外包领域的分别达到了 48% 和 64%（刘秉镰，2010）。随着中国政策的引导以及分工和专业化的发展，内置于制造业的物流纷纷外化并形成独立的第三方物流。第三方物流企业应该参与市场竞争，并进行兼并重组，推动第三方物流企业竞争力的快速提升。第三方物流将充分利用电子数据交换技术、条形码技术、地理信息系统和全球卫星定位系统，利用管理信息系统软件，实时跟踪定位。信息技术在第三方物流中的应用，可以有效地消除装备制造业生产各环节流通障碍，有效提高原材料及零部件周转速度和效率，从而降低装备制造业的物流成本，提升装备制造业的竞争力。

（三）金融服务业与装备制造业的融合

装备制造业是资本技术密集型制造业，企业的自有资金或预付金比例相对较低。装备制造业发展面临的首要问题就是融资，因此，装备制造业也是金融依赖度相对比较高的产业（段一群，2009）。在中国现有金融体系下，企业外部资本的来源主要是信贷，但是，中国信贷业务风险分散体系不健全，企业信贷周期的跨度比较长，并且由于中国国有及国有控股装备制造业存在预算软约束及道德风险和逆向选择的压力，导致中国金融系统债务风险严重。中国现有的金融机构主要从事传统的信贷业务、汇兑或结算业务，金融机构的证券、租赁、咨询、资本运作、保险、理财、信托等现代金融业务发展缓慢，抑制了中国金融体系自身的竞争力（裴平，2003）。另外，中国的投资银行在项目融资、资产重组、资产证券化以及企业并购方面的业务相当薄弱，不利于装备制造企业在金融市场上筹措资本和资本运作。装备制造企业本身是高技术产业，高技术产业和风险投资体系密切相关，而通过金融服务与装备制造业的融合，可以健全中国的风险投资体系，通过风险资本支持中国装备制造业自主创新。

（四）商务服务业与装备制造业的融合

随着全球化程度的提升，装备制造企业开始参与国际竞争。虽然中国装备制造企业都有自己内部的会计、税务、法律、设计等部门，但是专业化程度不高，难以适应国际竞争的要求。因此，国内装备制造业对外部专业化的会计、法律、审计、咨询、租赁等商务服务需求比较迫切，也加速了装备制造业内部的商务服务外化，寻求专业化的外部商务服务提供商。另外，管理咨询、法律、广告等商务服务业的发展又进一步推动装备制造业剥离非核心业务，进一步优化社会资源配置。外部专业化咨询服务为装备制造企业优化营销方案，为企业节约库存，节省各种人力物力等成本；外部专业化法律服务为企业兼并重组、引进 IPO 等提供法律保障，还可以为企业规避国际业务风险（牛艳华，2010）等。人力资本和知识资本是商务服务业的核心资产，具有规模报酬递增的特征（肖建忠，2010），商务服务业的发展程度反映一个地区的"软环境"，商务服务业一般集聚于城市中央商务区，商务服务与装备制造业的融合程度也决定了装备制造业的效率和竞争力。

（五）研发服务业与装备制造业的融合

中国目前在总量上已经成为研发投入大国，但是研发经费投入占GDP 比重远落后于发达国家。我国装备制造业研发投入与销售收入的比重保持在 1% 左右，而发达国家机器设备研发投入占销售收入的比重达到4%—10%（陈爱贞和陈明森，2009），因此，中国装备制造业的研发强度远低于发达国家。虽然改革开放后，我国引进大量外国直接投资，"以市场换技术"，但是，我国引进技术的经费与配套的消化吸收的比例只有 1：0.13，而日本、韩国的比例则分别达到 1：5 和 1：8（陈爱贞，2009）。20 世纪 80 年代前，企业认为，研发是自己的核心资源，因而将研发活动控制在企业内部。但是，由于第三次工业革命带来的技术复杂性提高，新技术生命周期缩短，研发新技术所投入成本难以短期收回，因此制造业内部的研发服务将逐渐外部化，形成独立的研发服务产业（邹文杰，2012）。

三　生产性服务业与装备制造业融合的效应分析

（一）产业融合将促进中国生产性服务业发展

第三次工业革命背景下的技术进步将带来装备制造业规模的空前膨胀，按照斯密的"市场规模限制劳动分工"原理，产业规模的迅速扩张将会带来分工和专业化的发展。由于分工和专业化，内置于装备制造业的生产性服务将逐渐外化。由于产业关联效应，装备制造业对外化出来的生产性服务还有大量的需求。而装备制造业的竞争力越强，所需求的生产性服务就越多。在生产性服务业与装备制造业融合过程中，机器设备生产的物质性投入将趋于下降，而研发、法律、设计等生产性服务投入比重将趋于上升，这意味着生产性服务业的产业规模将不断扩张。从发达国家发展经验看，随着人均收入水平的提高，制造业就业占总就业比重将逐渐下降，而服务业就业占总就业比重将会逐渐增加。目前，发达国家服务业就业占总就业比重达到70%以上，而生产性服务业占服务业就业的比重也超过70%，但是，中国目前生产性服务业还很落后。通过生产性服务业与装备制造业融合，装备制造业对生产性服务需求增加将会促进中国生产性服务业的发展。

（二）产业融合将促进中国装备制造业自主创新能力的提升

装备制造业主要生产机器设备等资本品，是一个国家的基础性和战略性产业，它可以反映一个国家的工业化发展水平和自主创新能力。近几年来，虽然中国装备制造业发展速度很快，但是由于中国本土装备制造业自主创新能力不足，因此中国装备制造业的核心零部件基本上依赖进口。例如，中国目前2/3的固定资产设备投资依赖进口，其中，高端光纤和集成电路设备、高级数控机床设备、高端纺织设备、大型石化设备、核电设备、重型燃气轮机设备和医院的高端医疗设备等几乎全部进口（陈爱贞，2008）。

虽然中国从国外进口机器设备可以带来一定技术溢出，但是，进口的成套机器设备对中国本土制造业带来一定的市场和技术挤压，从而抑制中国技术进步，并且把中国本土装备制造业"锁定"在全球价值链的低端。由于中国目前市场交易成木比较大，生产性服务与装备制造业没有充分分离，因此带来了装备制造业竞争力的落后。第三次工业革命背景下，技术进步将促进生产性服务与装备制造业充分分离，装备制造业通过外部购买专业化的生产性服务来促进装备制造业自主创新能力的提升。生产性服务作为中间品投入与装备制造业进行深度融合，从而促进了装备制造业效率和自主创新能力的提升。

（三）产业融合有利于中国出口结构升级

改革开放以来，中国通过"为出口而进口"的代工模式实现了经济高速增长。虽然这种贸易模式给中国带来了"出口奇迹"，但是，中国出口的产品基本是纺织、服装、鞋帽、玩具、电子产品等劳动密集型产品。由于中国只能被动进口国外先进机器设备而满足国外市场"苛刻"的消费需求，中国产业链被"锁定"在全球价值链低端。另外，在"为出口而进口"的贸易模式下，中国装备制造企业只是代工企业，而研发、设计、营销等价值链的高端环节掌握在发达国家手里，从而导致中国装备制造业缺乏"心脏"和"脑袋"。

在第三次工业革命背景下，装备制造企业将在"归核化"战略引导下剥离非核心业务，生产性服务将与装备制造业充分分离，分离后的生产性服务业还需要装备制造业作为固定资产投资。因此，专业化的生产性服务业将与装备制造业深度融合，生产性服务业与装备制造业的融合发展将会带来中国制造业从低附加值的劳动密集型产业向技术、资本密集的装备制造业升级。另外，由于生产性服务业与装备制造业的融合，中国装备制造企业的自主创新能力不断提升，中国将从进口机器设备出口消费品向通过装备制造业的自主创新实现出口资本品转变，从而带来中国出口升级。

第三节　第三次工业革命背景下企业价值链的分解与融合

企业的价值创造过程需要价值链不同环节直接或间接参与或配合，但是只有价值链的"核心环节"才能直接参与价值创造过程。企业要保持自己核心竞争力，就要让价值链的"核心环节"发挥出自己竞争优势。但是企业价值链的"非核心环节"也不是可有可无，而是需要企业根据自己的情况进行合理的配置，例如企业可以将价值链的各环节都内置于企业，也可以放弃价值链的某些非核心环节，专注于自己的核心竞争优势，利用市场契约关系，从市场购买专业化的"非核心环节"，从而完成企业的价值流程再造。

一 第三次工业革命背景下企业价值链的分解

第三次工业革命的技术基础是数字化和智能化，现代制造技术将冲击传统的流水线生产方式，产品的设计开发周期、产品成本和质量以及产能利用率等都将发生颠覆性突破（黄群慧等，2013）。第三次工业革命将带来装备制造业生产规模的迅速扩张，市场规模的扩大将带来装备制造业分工和专业化的发展，分工和专业化将会促进装备制造业企业价值链的分解，从而使企业价值链的非核心部分逐渐独立发展。第三次工业革命还将带来信息技术的高速发展，基于信息技术的"物联网"、"云计算"等将广泛应用于社会生产生活的各方面，信息技术还将降低企业搜寻成本、信息成本、监督成本以及契约维护成本等各种交易成本。按照科斯（1937）和威廉姆森（2002）的交易成本理论，随着企业交易成本的下降，企业将通过市场方式获取中间投入品，意味着企业价值链也将由于交易成本的下降而趋于分解。例如，原装备制造企业价值链中的信息服务以及物流服务环节将从价值链基本活动中的内部后勤或外部后勤中分离出来，财务会计、法律等服务环节将从价值链辅助活动中分离出来等。由于装备制造企业价值链的非核心部分被剥离，从而能实现其归核化战略，并能实现规模经济。

为了更好地分析第三次工业革命背景下企业价值链的分解，本部分借鉴 Oz Shy（1995）和刘明宇等（2010）的方法，假定装备制造企业内部的价值链环节有两个：一个是机器设备制造环节 B，另一个是服务中间品生产环节 A。服务中间品处于价值链的上游，机器设备生产处于价值链的下游，假定生产 1 单位的价值链 A 环节需要投入 1 单位的价值链 B 环节，价值链环节 A 和价值链环节 B 的度量单位相同。假定装备制造企业每个价值环节具有非线性的成本函数，价值链环节 A 的成本函数为 $TC_1(q) = F_1 + c_1 q^2$，价值链环节 B 的成本函数为 $TC_2(q) = F_2 + c_2 q^2$。装备制造企业的总成本函数为：

$$TC(q) = TC_1(q) + TC_2(q) = (F_1 + F_2) + (c_1 + c_2)q^2 \qquad (3-1)$$

因此有平均成本函数为：

$$AC(q) = (F_1 + F_2)/q + (c_1 + c_2)q \qquad (3-2)$$

并能解出边际成本函数：

$$MC(q) = 2(c_1 + c_2)q \qquad (3-3)$$

假定市场上产品供给具有同质性，则该装备制造企业最佳生产规模为平均成本，而此时平均成本具有最小化条件：$AC(q) = MC(q)$即式（3-2）和式（3-3）相等，此时解出：

$$q^m = \sqrt{(F_1 + F_2)/(c_1 + c_2)} \qquad (3-4)$$

同时解得：

$$AC^m = 2\sqrt{F_1 + F_2}\sqrt{c_1 + c_2} \qquad (3-5)$$

假定不存在交易费用，提供服务中间品的价值链环节 A 将从机器设备制造企业价值链中分离出来，假定价值链环节 A 和价值链环节 B 同时实现平均成本最小化，则有：

$$q_A^m = \sqrt{F_1/c_1}, \quad q_B^m = \sqrt{F_2/c_2} \qquad (3-6)$$

可以解得：

$$AC_1^m = 2\sqrt{F_1 c_1}, \quad AC_2^m = 2\sqrt{F_2 c_2} \qquad (3-7)$$

假定价值链的生产性服务环节 A 与价值链环节 B 分离后，价值链 A 环节与价值链 B 环节均能实现规模经济，并且分离后的平均总成本小于分离前的平均成本，装备制造企业才有动力分离发展生产性服务，即：

$$2\sqrt{F_1 c_1} + 2\sqrt{F_2 c_2} < 2\sqrt{F_1 + F_2}\sqrt{c_1 + c_2} \qquad (3-8)$$

整理后可得：

$$(\sqrt{F_1 c_2} - \sqrt{F_2 c_1})^2 > 0 \qquad (3-9)$$

当 $q_A^m < q_B^m$ 时，即有 $F_1/c_1 < F_2/c_2$，此时装备制造企业按照 q_B^m 产量进行生产，而对于价值链 B 与价值链 A 两部分产量的差额，则通过从外部购买获得，此时两部分价值链环节的平均成本为 $2\sqrt{F_1 c_1} + 2\sqrt{F_2 c_2}$。当 $q_A^m > q_B^m$ 时，$F_1/c_1 > F_2/c_2$，此时价值链环节 A 将从机器设备企业价值链整体环节中分离出来，而机器设备生产过程中所需要的生产性服务全部从外部价值链环节 A 购买，从而价值链各环节都能实现规模经济。

但是，价值链环节 A 与价值链环节 B 分离后，价值链环节 B 需要从外部购买服务中间品，需要投入一定搜寻成本、谈判成本、契约维护成本等各种交易成本。假定交易成本为 E，并且交易成本主要受到信息技术的影响，则装备制造企业价值链的分离需要满足条件：

$$2\sqrt{(F_1 + F_2)}\sqrt{c_1 + c_2} - 2\sqrt{F_1 c_1} - 2\sqrt{F_2 c_2} > E \qquad (3-10)$$

第三次工业革命的主要特征之一是信息技术的广泛应用，物联网技术、"云计算"、人工智能技术等广泛应用于社会生产生活各个领域，第三次工业革命还将催生大规模定制（黄群慧，2013）等新的生产方式。在此种生产方式下，企业根据消费者需求进行模块化设计，并能提供不同的设计方案供消费者选择，并且模块化生产提升了分工和专业化水平。例如，"云计算"技术将会促使企业把信息服务等价值链环节外包给专业化的 IT 公司，并且"云技术"、"物联网"的信息技术还会大幅度降低企业的交易成本。在此背景下，装备制造业的价值链将会不断优化，生产性服务价值链环节也会不断从装备制造企业分解出去，从而装备制造业和生产性服务业都能专业化生产并实现规模经济。故有：

命题 3 - 1：随着第三次工业革命的逐步推进，信息技术的广泛使用将大幅度降低交易成本。当垂直一体化的装备制造企业价值链可以分离，并且分离后的生产性服务业与装备制造业价值链分别存在规模经济，并且装备制造企业价值链分解前与分解后平均成本差大于交易成本时，装备制造企业有动力分解生产性服务价值链，分别实现生产性服务业专业化发展，并实现装备制造业竞争力提升，从而提升整个价值链的效率。

二 第三次工业革命背景下企业价值链的融合

在第三次工业革命推动下，企业的分工和专业化不断加强，并且信息技术的广泛使用也带来了交易成本的下降。生产性服务逐渐从装备制造企业价值链环节分离出来，成为独立的专业化生产性服务提供商，进而成为装备制造企业上游产业链环节，并为装备制造企业提供生产性服务。而生产性服务与装备制造企业分离的同时，需要初始的固定资产投资，而初始的固定资产投资需要装备制造企业最终品的投入。因此，可以假定经济中只有生产性服务业 S 和装备制造业 M 两个部门，装备制造业使用生产性服务、资本和劳动等要素投入生产机器设备等资本品，而生产性服务业的生产需劳动和装备制造业的资本品等要素投入。假定经济中的劳动力总量为 L，装备制造业使用的劳动力份额为 λ，生产性服务业使用的劳动力份额为 $1-\lambda$。同时假定 s 为国民经济储蓄率，在一定时间内保持不变，并假定国民经济中人口增长率 n 保持不变。因此，可以有：

$$M = S^{\alpha}K^{\beta}(\lambda L)^{\gamma} \tag{3-11}$$

$$S = [(1-\lambda)L]^{u}M^{\theta} \tag{3-12}$$

$$\dot{K} = sY \tag{3-13}$$

$$\dot{L} = nL \tag{3-14}$$

其中，α 表示装备制造业总产出中生产性服务投入的产出弹性，θ 表示生产性服务业总产出中装备制造业投入的产出弹性，β 和 γ 分别表示装备制造业总产出中资本和劳动投入的产出弹性，u 表示生产性服务业总产出中的劳动投入的产出弹性。本书假定规模报酬并非不变，并且假定参数 u、β 和 γ 都大于 0 并小于 1，θ 和 n 也都大于 0。

通过对以上等式求解，可以得到：

$$g_k = \dot{K}/K = s \cdot S^{\alpha} K^{\beta-1} (\lambda L)^{\gamma} \tag{3-15}$$

$$\dot{g}_k = \alpha g_s + (\beta-1) g_k + \gamma n \tag{3-16}$$

当达到稳态均衡时，有 $\dot{g}_k = 0$，因此可以得到：

$$g_s = [(1-\beta) g_k - \gamma n]/\alpha \tag{3-17}$$

如果把式（3-11）代入式（3-12），则有：

$$S = [(1-\lambda) L]^u S^{\alpha\theta} K^{\beta\theta} \lambda^{\theta\gamma} L^{\gamma\theta} \tag{3-18}$$

因此，可以得到：

$$g_s = \dot{S}/S = un + \alpha\theta g_s + \beta\theta g_k + \gamma\theta n \tag{3-19}$$

通过式（3-17）和式（3-19）可以得出：

$$g_k = (\alpha un + \gamma n)/(1-\beta-\alpha\theta) \tag{3-20}$$

因此，$\dfrac{\partial g_M}{\partial \alpha} = \dfrac{\partial g_k}{\partial \alpha} = \dfrac{un(1-\beta) + \gamma n\theta}{(1-\beta-\alpha\theta)^2} > 0 \tag{3-21}$

由于 $\dfrac{\partial [\beta\theta/(1-\alpha\theta)]}{\partial \alpha} > 0$，并且 $\dfrac{\partial [1/(1-\alpha\theta)]}{\partial \alpha} > 0$

由此可以得出：

$$\partial g_s/\partial \alpha > 0 \tag{3-22}$$

类似的，我们可以推导出：

$$\partial g_k/\partial \theta > 0, \quad \partial g_s/\partial \theta > 0 \tag{3-23}$$

故有：

命题 3-2：在第三次工业革命推动下，交易技术和交易效率不断提高。装备制造业的发展需要有专业化的生产性服务投入，生产性服务业的发展也需要有装备制造业的投入作为固定资产投资，从而形成生产性服务业与装备制造业互动的局面。随着装备制造业中生产性服务投入的增加和生产性服务业中装备制造业投入的增加，装备制造业和生产性服务业的增长率都将增长。

在第三次工业革命推动下，通过装备制造企业价值链的分解与融合，生产性服务与装备制造企业价值链相互渗透、相互延伸，从而实现生产性服务业与装备制造业的深度融合。生产性服务业与装备制造业融合模式主要有以下几种：

第一种，生产性服务业与装备制造业互补性融合。通过这种融合模式，生产性服务价值链嵌入装备制造企业价值链中，装备制造企业价值链与生产性服务价值链必须要密切配合、相互渗透才能实现完整的业务流程。融合后的企业体现装备制造的功能，专业化的生产性服务通过嵌入提升装备制造企业产品的竞争力。

第二种，生产性服务业与装备制造企业的延伸式融合。通过这种融合模式，装备制造企业价值链向上游或下游延伸，从而利用装备制造企业原有核心竞争力的优势，挖掘出新的生产性服务需求。例如，原装备制造企业产品的保养服务、升级服务等。

第三种，生产性服务业与装备制造企业的替代性融合。通过这种融合模式，装备制造企业根据产品生命周期，用新的技术、业务流程、管理方案等方式进行生产性服务价值链环节的重组，从而实现替代性产品创新。

第四节　生产性服务业与装备制造业融合互动模型

一　模型基本假设

本部分借鉴马库森（Markusen，1989）和樊文静（2013）方法，假定经济中只有两个部门，装备制造业生产部门 M 与生产性服务业生产部门 S。其中生产性服务生产部门 S 的生产只有劳动投入，而生产性服务业具有知识密集和技术密集的特征，因此假定其规模报酬递增。生产性服务生产部门 S 的产出作为中间投入 X 全部用于装备制造业生产中，装备制造业生产部门 M 生产的机器设备通过直接劳动投入 L_m 和生产性服务投入 X，在完全竞争市场条件下，采用规模报酬不变技术生产。

由于假定生产性服务生产部门 S 具有规模报酬递增的特性，因此其不会选择范围经济，而是每个生产性服务企业只生产一种生产性服务，并能使其规模达到最优。因此，每个生产性服务企业提供的生产性服务在一定程度上都具有垄断的特征，并且生产性服务企业与其提供的生产性服务种类相互对应。假设生产性服务企业在市场上不存在各种进入或者退出壁垒，均衡时生产性服务企业的利润都为 0。

假定装备制造业生产部门 M 采用柯布—道格拉斯生产函数。$C_J = (S_J + F)w$，其中，X_i 为装备制造业生产部门 M 生产机器设备 i 过程中所需要的生产性服务集合。另外，假设 X_i 的生产由一系列生产性服务部门 S_{i1}，$\cdots$，S_{in} 等组合在一起，并且生产性服务部门 S_{ij} 在 X_i 的组合中不完全替代。借鉴 Ethier（1982）的方法，假定生产性服务业 X 具有 CES 生产函数形式：$X_i = X_i (S_{i1}, \cdots, S_{in}) = (\sum_{j=1}^{n} S_{ij}^{\beta})^{1/\beta}$，其中，$0 < \beta < 1$。

由于不同生产性服务生产部门 S 与 X 互相独立，并且不同的生产性服务企业生产不同的 S_j。根据生产性服务业具有知识密集和技术密集的特性，这种特征的生产性服务业成本函数可以写作：

$$C_J = (S_J + F)w$$

其中，w 表示生产性服务企业的工资率，F 表示生产性服务企业的机器设备等固定资产投入。

二 社会最优配置模型

假设装备制造企业 M 的生产性服务投入 X_i 具有对称性，即可以用统一的 X 表示，用 P_x 表示生产性服务业中间投入 X 的价格，则装备制造业 M 最优问题为：

$$\text{Max } \pi_m = L_m^{1-\alpha} X^{\alpha} - P_x X - wL_m \tag{3-24}$$

其一阶条件为：

$$\frac{\partial \pi_m}{\partial L_m} = 0$$

从而 $w = (1-\alpha)L_m^{-\alpha}X^{\alpha}$ \hfill $(3-25)$

$\partial \pi_m / \partial X = 0$，从而

$$P_x = \alpha L_m^{1-\alpha} X^{\alpha-1} \tag{3-26}$$

由于生产性服务业作为中间投入 X 进入装备制造业生产过程，并且 X 为各种不同类型的生产性服务集合，则基于 X 部门的社会最优化配置为：

$$\text{Max } \pi = P_x \left(\sum_{j=1}^{n} S_j^{\beta}\right)^{1/\beta} - \sum_{j=1}^{n} (wS_j + wF) \tag{3-27}$$

假定生产性服务部门 S_j 的对称性，则有 $S_j = S$，$\sum_{j=1}^{n} S_j = nS$，$X = n^{1/\beta}S$，则：

$$\text{Max } \pi = P_x n^{1/\beta} S - (nws + nwF) \tag{3-28}$$

则有一阶条件：

$\partial \pi / \partial S = 0$，从而

$$w = P_x n^{(1-\beta)/\beta} \tag{3-29}$$

$\partial \pi / \partial n = 0$，从而

$$(1/\beta) P_x n^{1/(\beta-1)} S - wS - wF = 0 \tag{3-30}$$

根据式（3-29）和式（3-30）有：

$$n = (w/P_x)^{\beta/(1-\beta)}, \quad S = [\beta/(1-\beta)] F \tag{3-31}$$

由式（3-25）和式（3-26）有：

$$\frac{w}{P_x} = \left(\frac{\alpha}{1-\alpha}\right)\left(\frac{X}{L_m}\right) \tag{3-32}$$

根据 $X = n^{1/\beta} S$ 和式（3-31）以及式（3-32），可得：

$$n = \left(\frac{\alpha}{1-\alpha}\right)\left(\frac{1-\beta}{\beta}\right)\left(\frac{L_m}{F}\right) \tag{3-33}$$

令 $\rho = 1/(1-\beta)$，其中，ρ 表示替代弹性，并且 $\rho > 1$，因此可以有：

$$n = [\alpha/(1-\alpha)][1/(\rho-1)](L_m/F) \tag{3-34}$$

三 垄断竞争均衡

由于生产性服务部门 S_j 面临的市场价格是生产服务中间品 X 时 S_j 的边际产出，并且 S_j 的生产具有对称性，假定其价格为 P_s，因此有：

$$P_s = \frac{\partial X}{\partial S} P_x = (P_x/\beta)[nS^\beta]^{(1-\beta)/\beta} \beta S^{\beta-1} = q\beta S^{\beta-1} \tag{3-35}$$

其中，$q = (P_x/\beta)[nS^\beta]^{(1-\beta)/\beta}$，假设社会经济中存在很多提供生产性服务 S 的企业，则这样的市场近似于完全竞争。生产性服务企业 S 将价格 P_s 和 X 都看作外生，则对于单个生产性服务企业 S 来说，q 不变，从而单个生产性服务企业 S 具有的最优条件为：

$$\text{Max } \pi_s = q\beta S^{\beta-1} S - (wS + wF) \tag{3-36}$$

其一阶条件为：$\partial \pi_s / \partial S = 0$，从而

$$w = P_x \beta n^{(1-\beta)/\beta} \tag{3-37}$$

同时，生产性服务企业可以自由进入市场，从而均衡时利润为 0，即：

$$q\beta S^{\beta-1} S - (wS + wF) = 0 \tag{3-38}$$

通过式（3-37）和式（3-38），并将其中的 q 替换，则可以得出：

$$n = \left(\frac{w}{P_x\beta}\right)^{\beta/(1-\beta)}, \quad S = \left(\frac{\beta}{1-\beta}\right)F \qquad (3-39)$$

再将式（3-32）代入式（3-39）可得：

$$n = \left(\frac{\alpha}{1-\alpha}\right)(1-\beta)\left(\frac{L_m}{F}\right) \qquad (3-40)$$

由于 $\rho = 1/(1-\beta)$，则有：

$$n = \left(\frac{\alpha}{1-\alpha}\right)\frac{1}{\rho}\left(\frac{L_m}{F}\right) \qquad (3-41)$$

通过以上模型可以看出，式（3-31）、式（3-34）和式（3-39）、式（3-41）中关于生产性服务业发展的影响因素都是相同的。其中，S 为单个生产性服务企业的产出，其受机器设备等投资带来的成本 F 以及替代弹性 ρ 的影响。n 表示由于分工和专业化带来的装备制造业分离出来的生产性服务种类的增加，其受装备制造业总投入中生产性服务所占比重 α、生产性服务替代弹性 ρ、装备制造业生产中直接消耗的劳动投入 L_m，以及生产性服务企业机器设备固定资产投入 F 的影响。

从以上结果可以推导出：$\partial n/\partial \alpha > 0$，$\partial S/\partial F > 0$，$\partial \alpha/\partial n > 0$，$\partial F/\partial S > 0$，$\partial n/\partial L_m > 0$，从而可以得到如下命题：

命题3-3：装备制造业总投入中生产性服务投入所占比重越大，或者说生产性服务业的产出弹性越大，装备制造业由于分工专业化而分离出来的生产性服务业种类越多，从而越有利于生产性服务业发展水平的提升。此外，装备制造企业规模越大，对生产性服务需求的种类和数量越多，从而能更深度促进生产性服务业发展水平的提升。

命题3-4：在其他条件不变情况下，生产性服务业的装备制造业等固定资产投入越高，单个生产性服务企业产出规模越大。此外，随着单个生产性服务企业产出规模的增加，其所需要的装备制造业固定资产投入也越高，从而带动装备制造业发展水平的提升。

命题3-5：当装备制造业分离出来的生产性服务种类越多，装备制造业对研发、租赁、咨询、物流等生产性服务需求越多，从而生产性服务投入在装备制造业总投入中的比重越大，进而带来专业化的生产性服务业与装备制造业融合发展。

第四章　生产性服务业与装备制造业融合程度分析

第一节　生产性服务业与装备制造业融合程度的国际比较

经过60多年的发展，中国已经建立了门类齐全的工业发展体系。特别是近10年来，中国装备制造业总产值从2003年的97765.71亿元增加到2010年的375778.13亿元，年均增长21.2%。虽然中国装备制造业发展速度很快，但是，中国装备制造业半数以上都被外资企业控制，2010年，外商投资和港澳台商投资的装备制造业比重为50.5%，中国装备制造业的核心零部件也基本上依赖进口，例如，汽车的发动机、电子集成电路的芯片等。另外，目前中国全社会近2/3的固定资产设备投资基本上靠进口支撑，其中高端光纤和集成电路设备、高级数控机床设备、高端纺织设备、大型石化设备、核电设备、重型燃气轮机设备和医院的高端医疗设备等几乎全部进口（陈爱贞，2008；楚明钦和陈启斐，2013）。

中国已经成为装备制造业大国，但还不是装备制造业强国。而核心技术和自主创新能力的提升需要大量生产性服务业的投入，特别是科技服务、信息服务、金融服务、商务服务等生产性服务业投入。由于生产性服务投入不足带来了中国装备制造业效率低下，竞争力不强。

西方学者对装备制造业竞争力的研究最早为罗森伯格（1963）。他认为，装备制造业主要生产资本品，发达国家的技术创新主要发生在资本品生产部门，不发达国家资本品产业落后只能进口，因此不能完成资本品产业的技术创新。道林和拉夫利（Dowling and Ruefli，1992）研究了1975—1986年电信设备行业的变化情况；Yeh（2003）考察了中国台湾机床工业的创新体系的地位和功能。Kim 和 Lee（2008）指出，发达国家都是机器设备制造强国，机器设备业发展反映了一个国家的竞争力。这些学者都是从创新和竞争力的视角考察了装备制造业或某一具体产业的竞争力，而没有考虑生产性服务投入对装备制造业竞争力的影响。

关于制造业与生产性服务业之间关系的研究，帕克（Park，1989）通过 26 个不同收入水平国家的投入产出表检验了制造业和服务业之间的关系。阿诺德（2008）检验了非洲制造企业的生产率与服务中间投入之间的关系，证实了服务业提升了下游经济体竞争力。顾乃华、毕斗斗、任旺兵（2006）通过实证方法对生产性服务业和制造业的互动关系进行了研究。江静、刘志彪、于明超（2007）认为，生产性服务业的规模扩张促进了制造业的效率提升。夏杰长、刘奕、顾乃华（2007）认为，制造业服务化可以提升竞争力。程大中（2008）利用经济合作与发展组织 13 个国家的 2000 年投入产出表，分析了生产性服务业在各国经济中的比重，并且分析了生产性服务业与制造业的融合程度。黄莉芳（2011）用中国 1992 年、1997 年、2002 年和 2007 年投入产出表分析了中国生产性服务业发展程度。楚明钦（2013）也用 1997 年、2002 年和 2007 年中国投入产出表分析了我国装备制造业与生产性服务业的产业关联变化。

从以上综述可以看出，大多数学者或者从装备制造业某一行业角度研究创新程度和竞争力，或者考察生产性服务业与制造业效率提升的关系，但是很少从投入产出角度考察国内外装备制造业与生产性服务业的融合程度。那么国内外装备制造业与生产性服务业的融合程度到底怎么样？装备制造业的生产性服务投入分别有多少？各国生产性服务业的装备制造业需求分别有多少？各国生产性服务各细分行业的装备制造业的投入程度如何？生产性服务业与装备制造业的影响力系数和感应度系数如何？通过对这些问题的国内外比较，对加速中国生产性服务与装备制造业的融合，促进中国装备制造业竞争力的提升和发展中国生产性服务业具有一定的参考价值。因此本书将从这些问题着手，选取经济合作与发展组织投入产出数据库工业化七国集团国家美国、加拿大、英国、法国、德国、日本、意大利和金砖五国中的中国、印度和巴西三个国家 21 世纪头十年中期投入产出表的数据，比较分析这些国家装备制造业和生产性服务业的融合程度。

七国集团国家是工业化国家的代表，本书选取了七国集团国家美国、加拿大、英国、德国、法国、意大利、日本和金砖五国中的中国、巴西和印度 21 世纪头十年中期投入产出表的数据进行比较分析。其中投入产出表数据来源于经济合作与发展组织投入产出数据库。生产性服务业主要包括批发零售和修理业、运输与仓储业、邮政与电信业、金融保险业、机器设备租赁业、计算机及相关活动业、研究与发展业和其他商务活动业；装备制造业主要包括金属制品业、锻压制品业、机器设备业、办公用品与计算机业、电气机械业、广播电视及通信设备业、医疗器械及光学设备业、机动车业和其他运输设备业。本章涉及的重要指标主要有以下几个。

（1）中间需求率。中间需求率是指某一产业 i 被国民经济各产业 j 中间需求之和，与整个国民经济各产业对该产业总需求（中间需求 + 最终需求）的比值。可以用以下计算公式表示：

$$D_i = \frac{\sum_{j=1}^{n} x_{ij}}{\sum_{j=1}^{n} x_{ij} + Y_i} \quad (i = 1,2,\cdots,n)$$

式中，D_i 表示中间需求率，$\sum_{j=1}^{n} x_{ij}$ 表示投入产出表中第 i 行某产业被国民经济各产业 j 的中间需求的和，Y_i 为第 i 行业的最终需求。中间需求率越大，说明国民经济各产业对该产业产品需求越多。

（2）中间投入率。中间投入率反映某一产业 j 在生产过程中所需要的国民经济各产业 i 中间投入的和，与该产业需要的总投入（中间总投入 + 增加值）的比值。可以用公式表示为：

$$T_i = \frac{\sum_{i=1}^{n} x_{ij}}{\sum_{i=1}^{n} x_{ij} + Z_j} \quad (j = 1,2,3,4,\cdots,n)$$

其中，T_i 表示产业 j 的中间需求率，$\sum_{i=1}^{n} x_{ij}$ 表示投入产出表中第 j 列产业需要的国民经济各产业投入的和，Z_j 表示 j 行业的增加值。中间投入率越大，说明该产业生产过程中使用的投入越多。

（3）影响力系数。影响力系数反映某产业 j 的总投入增加 1 个单位时，对所有国民经济各产业 i 所产生的波及影响程度，也称为后向关联系数。可以用公式表示为：

$$E_j = \frac{\sum\limits_{i=1}^{n} b_{ij}}{\frac{1}{n}\sum\limits_{j=1}^{n}\sum\limits_{i=1}^{n} b_{ij}}(j = 1,2,3,\cdots,n)$$

其中，E_j 为 j 产业的影响力系数，$\sum\limits_{i=1}^{n} b_{ij}$ 为里昂惕夫逆矩阵的第 j 列所有行值的和，$\frac{1}{n}\sum\limits_{j=1}^{n}\sum\limits_{i=1}^{n} b_{ij}$ 为里昂惕夫逆矩阵每列值和的平均值。当影响力系数大于 1 时，说明该产业的总投入变动 1 单位所引起的所有其他投入的变动大于社会平均程度。当影响力系数小于 1 时，说明该产业的总投入变动 1 单位所引起的其他投入变动小于社会平均程度。

（4）感应度系数。感应度系数表示某一产业 i 总需求增加 1 单位时，国民经济所有产业 j 所受到的需求感应程度，也被称为前向关联系数，可以用公式表示为：

$$G_i = \frac{\sum\limits_{j=1}^{n} b_{ij}}{\frac{1}{n}\sum\limits_{i=1}^{n}\sum\limits_{j=1}^{n} b_{ij}}(i = 1,2,3,\cdots,n)$$

其中，G_i 表示 i 产业的感应度系数，$\sum\limits_{j=1}^{n} b_{ij}$ 为里昂惕夫逆矩阵第 i 行所有列值的和，$\left(\frac{1}{n}\right)\sum\limits_{i=1}^{n}\sum\limits_{j=1}^{n} b_{ij}$ 为里昂惕夫逆矩阵 i 行所有列值的和的平均值。

当感应度系数大于 1 时，i 产业总需求增加 1 单位对国民经济所有行业的需求的感应程度大于社会平均值。当感应度系数小于 1 时，i 产业总需求增加 1 单位对国民经济所有行业的需求的感应程度小于社会平均值。

一　中间投入率和增加值率比较

通过表 4 – 1 可以看出，七国集团国家经济中物质投入比重比较低，其中装备制造业投入比重更低。例如，美国经济中物质投入比重只有 17.7%，并且装备制造业投入比重只有 4.4%。但是，中国经济中物质投入比重达到了 46.8%，而装备制造业投入比重高达 18%。另外，七国集团国家经济的服务投入比重比较高，其中生产性服务投入比重更高。例如，美国经济中服务投入比重达到 27.5%，法国经济中生产性服务投入的比重达到 21.7%。而中国经济的服务投入比重只有 14.1%，生产性服务投入的比重也只有 10.9%。此外，发达国家经济的中间投入比重相对比较低，而增加值率比较高。相反，中国经济中的中间投入比重比较高，而增加值率比较低。例如，美国经济的增加值率最高，达到了 53.7%。发达国家中增加值率最低为意大利，达到了 46%，而中国经济的增加值率只有 34.1%。

表 4 - 1　　　　生产性服务业与装备制造业中间投入情况与
国民经济增加值率的国际比较

	美国	加拿大	英国	德国	法国	意大利	日本	印度	巴西	中国
装备制造业投入/总投入	0.044	0.082	0.056	0.087	0.076	0.084	0.109	0.095	0.069	0.180
生产性服务投入/总投入	0.184	0.159	0.208	0.195	0.217	0.208	0.173	0.130	0.153	0.109
制造业投入/总投入	0.177	0.245	0.211	0.227	0.208	0.255	0.256	0.312	0.270	0.468
服务业投入/总投入	0.275	0.215	0.271	0.251	0.263	0.256	0.200	0.164	0.173	0.141
增加值率	0.537	0.519	0.495	0.499	0.497	0.460	0.532	0.455	0.487	0.341

注：装备制造业投入为国民经济总投入中装备制造业各细分行业中间投入的加总；生产性服务业投入为国民经济总投入中生产性服务业各细分行业中间投入的加总；制造业投入为国民经济总投入中第二产业各细分行业中间投入的加总，服务业投入为国民经济总投入中第三产业各细分行业中间投入的加总。增加值率为 1 减去中间投入率所得。

以上数据说明，中国经济的物质投入比重很高，服务投入及生产性服务投入比重很低，中国经济的增加值率也很低。中国经济物质性投入比较多的原因可能是中国经济主要靠高投入、高耗能和低附加值的粗放型发展模式。另外，中国还处在工业化进程加速发展阶段，经济发展还需要大量的固定资产投资带动。机器设备作为装备制造业的重要组成部分，在我国工业化进程中也发挥了重要的作用。机器设备提高了生产过程中的分工和专业化程度，并能提高工业的生产效率，高技术的机器设备还能提高产品种类的多样化水平。生产性服务是从制造业中分离出来的中间投入，但是，中国经济中的生产性服务投入比较低，也说明了中国生产性服务内置于制造业的程度比较高，并且中国制造业尤其是装备制造业的效率比较低。

二　装备制造业对生产性服务各细分行业中间需求的比较

通过表 4 - 2 可以看出：七国集团发达国家装备制造业对批发、零售和修理业，运输及仓储业，其他商务活动等生产性服务的中间需求都比较低，其中英国最低，分别为 4.7%、3% 和 2.7%。但是，中国装备制造业对批发、零售业和修理业，运输及仓储业的中间需求分别达到 15.7%、

15.3%和13.9%，分别为英国的3.34倍、5.1倍和5.15倍；七国集团国家装备制造业对邮政与电信业的中间需求较低，其中法国最低，为1.7%。中国在所有国家中最高为14.7%，为法国的8.6倍；七国集团国家装备制造业对金融保险业的中间需求比较低，其中美国最低，为1.8%。发展中国家要高于七国集团国家，其中，中国为10.1%，为美国的5.6倍；由于经济合作与发展组织投入产出表中没有中国装备制造业对机器设备租赁和计算机及相关活动需求的数据，本章不作比较。另外，日本装备制造业对研究与发展业的中间需求达到54.2%，日本装备制造业的研发投入本身就很高，但是，装备制造业对研发服务的需求仍很强烈，也说明日本装备制造业对研发服务的重视程度。中国装备制造业对研发服务的需求仅次于日本和法国，达到18.3%，也说明中国装备制造业对研发的重视程度在增加。

表4-2　装备制造业对生产性服务各细分行业中间需求的国际比较结果

行业	美国	加拿大	英国	德国	法国	意大利	日本	印度	巴西	中国
批发、零售和修理业	0.049	0.054	0.047	0.087	0.074	0.081	0.091	0.14	0.07	0.157
运输与仓储业	0.040	0.048	0.030	0.087	0.044	0.070	0.079	0.11	0.09	0.153
邮政与电信业	0.020	0.018	0.018	0.057	0.017	0.040	0.027	0.20	0.06	0.147
金融保险业	0.018	0.024	0.034	0.034	0.029	0.058	0.053	0.14	0.06	0.101
机器设备租赁业	0.040	0.082	0.060	0.115	0.063	0.106	0.186	0.05	—	—
计算机及相关活动	0.038	0.051	0.026	0.070	0.035	0.061	0.060	0.14	—	—
研究与发展业	0.063	—	0.067	0.059	0.305	0.090	0.542	—	—	0.183
其他商务活动	0.082	0.084	0.027	0.165	0.073	0.090	0.076	0.09	0.06	0.139

注：生产性服务业 i 的装备制造业中间需求率 = 装备制造业 j 行业对生产性服务业 i 的需求和/（生产性服务业 i 的中间需求与最终需求的和），"—"表示投入产出表对该产业的统计数据缺失。

从总体看，中国装备制造业对生产性服务的中间需求高于发达国家和其他金砖国家。发达国家装备制造业对生产性服务需求比较低的原因是发达国家本身已经进入"服务经济"社会，服务业在国民经济中具有很强的竞争力，生产性服务也更多为服务业服务。虽然装备制造业本身竞争力相对比较强，对生产性服务需求也比较多，但是，装备制造业在国民经济中的比重已相对较低，因此，总体上说，装备制造业对生产性服务需求程度比较低。中国装备制造业对生产性服务的中间需求比较高，原因是中国制造业尤其是装备制造业在国民经济中的比重相对比较高，由于基数比较大，因此装备制造业对生产性服务的需求也比较多。另外，近几年来，中国各界对装备制造业科技创新的重视程度明显增加，装备制造业的前沿技术成果不断涌现。此外，政府出台了各种优惠政策，诸如引导企业增加科研经费投入、剥离制造业企业的生产性服务等措施来提升装备制造业自主创新能力和发展生产性服务业，因此装备制造业对生产性服务需求很强烈。

三　装备制造业各细分行业的生产性服务投入率

通过表 4-3 可以看出，发达国家金属制品业中生产性服务投入比较多，其中，英国最多，达到 27.5%；中国最低，为 8.5%，不仅远低于发达国家，也低于印度和巴西。发达国家锻压制品业、机动车制造业和办公用品及计算机制造业的生产性服务投入都比较多，其中，意大利最多，分别为 17.5%、22.8% 和 31.5%；中国仅为 10.1%、9.8% 和 9.7%，远低于七国集团国家以及印度和巴西。发达国家机器设备制造业和广播电视及通信设备制造业中生产性服务投入都比较多，其中，法国最多，分别为 21.6% 和 29.5%，但是，中国仅为 10.5% 和 8.6%，远低于发达国家和印度及巴西。发达国家电气机械制造业的生产性服务投入都比较高，其中，日本最高，为 22.3%，中国为 10.1%，远低于其他发达国家。发达国家医疗器械和光学设备制造业生产性服务投入都比较多，其中，美国最高为 23.8%，中国为 9%，远低于发达国家。

表 4-3　　装备制造业各细分行业的生产性服务投入国际比较结果

国家	金属制品业	锻压制品业	机器设备制造业	办公用品及计算机制造业	电气机械制造业	广播电视及通信设备制造业	医疗器械和光学设备制造业	机动车制造业	其他运输设备制造业
美国	0.203	0.155	0.190	0.266	0.170	0.248	0.238	0.169	0.147
加拿大	0.114	0.108	0.120	0.166	0.161	0.164	—	0.135	0.115
英国	0.275	0.155	0.166	0.124	0.205	0.191	0.146	0.176	0.186
法国	0.212	0.150	0.216	0.314	0.182	0.295	0.228	0.199	0.167
德国	0.150	0.124	0.161	0.236	0.157	0.203	0.164	0.130	0.135
意大利	0.182	0.175	0.188	0.315	0.203	0.217	0.206	0.228	0.206
日本	0.112	0.149	0.175	0.210	0.223	0.221	0.230	0.129	0.158
印度	0.181	0.082	0.140	0.115	0.131	0.195	0.198	0.157	0.163
巴西	0.139	0.091	0.144	0.195	0.141	0.230	0.102	0.174	0.139
中国	0.085	0.101	0.105	0.097	0.101	0.086	0.090	0.098	0.096

注：装备制造业的生产性服务投入率 = 装备制造业 j 中的生产性服务行业 i 投入和与装备制造业 j 的总投入的比值，表中"—"表示投入产出表中该产业数据缺失。

　　总体来看，中国装备制造业的生产性服务投入不仅远低于发达国家，而且也低于其他发展中国家。众所周知，七国集团国家都是发达的工业化国家，虽然发达国家已经进入"服务经济"社会，但是，装备制造业竞争力依旧比较强，原因就是装备制造业中有大量生产性服务的投入。而生产性服务具有比较密集的知识资本、人力资本和技术资本，生产性服务投入的数量和质量决定制造业尤其是装备制造业竞争力；由于新中国成立后实行的"大而全"、"小而全"发展模式，生产性服务一般内置于装备制造业，并且在观念上对服务业尤其是生产性服务业的重视力度不够，导致中国生产性服务发展异常滞后。因此，虽然中国装备制造业对生产性服务需求比较多，但是，装备制造企业在国内找不到合适的生产性服务供应商。再加上中国本土生产性服务缺乏质量标准，信用体系不健全，导致中国本土装备制造业企业不愿意从外部购买生产性服务。由于生产性服务投入不足，导致中国生产性服务与装备制造业的融合程度低，也导致中国装备制造业竞争力不强。

四　生产性服务各细分行业的装备制造业投入率

　　通过表4-4可以看出，发达国家批发、零售修理业和运输与仓储业的装备制造业投入都比较低，其中，发达国家中最高的意大利也仅为4.9%和6.1%，但是，中国分别达到7.8%和9.5%，明显高于发达国家以及印度和巴西。发达国家邮政与电信业、金融保险业的装备制造业投入也都比较低，其中，发达国家中最高的英国也仅为12.4%和0.7%，但是，中国的比例达到27.1%和3.7%，远远超过发达国家以及印度和巴西。发达国家的研究与发展业中装备制造业投入基本在9.5%以下，其中，美国最低，为1.2%，但是，中国的比例达到23.9%，远高于发达国家。发达国家其他商务服务的装备制造业投入加拿大最高，为2.6%，但是，中国达到了24%，也明显高于发达国家和印度及巴西。

表4-4　生产性服务各细分行业的装备制造业投入国际比较结果

国家	批发、零售修理业	运输与仓储业	邮政与电信业	金融保险业	机器设备租赁业	计算机及相关活动	研究与发展业	其他商务活动
美国	0.024	0.034	0.032	0.003	0.018	0.047	0.012	0.006
加拿大	0.011	0.031	0.013	0.007	0.032	0.028	—	0.026
英国	0.031	0.028	0.124	0.007	0.053	0.032	0.030	0.008

续表

国家	批发、零售修理业	运输与仓储业	邮政与电信业	金融保险业	机器设备租赁业	计算机及相关活动	研究与发展业	其他商务活动
法国	0.031	0.034	0.054	0.002	0.012	0.033	0.095	0.017
德国	0.021	0.036	0.044	0.005	0.002	0.030	0.038	0.005
意大利	0.049	0.061	0.057	0.005	0.057	0.050	0.035	0.019
日本	0.023	0.012	0.006	0.003	0.077	0.009	0.013	0.003
印度	0.001	0.058	0.089	0.019	0.011	0.028	—	0.040
巴西	0.027	0.052	0.031	0.001	—	—	—	0.011
中国	0.078	0.095	0.271	0.037	—	—	0.239	0.240

注：生产性服务业的装备制造投入 = 生产性服务业 j 中的装备制造业 i 投入的和/生产性服务业 j 的总投入；表中"—"表示投入产出表中该产业数据缺失。

总体来看，发达国家生产性服务装备制造业投入都比较低，原因可能是发达国家生产性服务业的装备制造业固定资产投资比较完善。制造业尤其是装备制造业是生产性服务的母体，生产性服务业的发展需要以制造业为基础。例如，信息服务业的发展需要有中转基站、发射卫星、接收设备等信息产业硬件基础设施投入；物流服务业需要有交通运输设备、铁路、公路、仓库等基础设施建设；研究与发展业投入需要有高技术含量的实验设备和器材等投入，由于中国实验器材满足不了实验的需求，也只能依赖进口。发达国家目前生产性服务业比较发达，生产性服务业在发展过程中需要大量装备制造业固定资产投资。由于发达国家生产性服务业的固定资产投资相对比较完善，生产性服务业的装备制造业投入相对比较低。而中国生产性服务业的装备制造业投入明显高于发达国家和其他金砖国家，原因可能是中国生产性服务业发展起步比较晚，生产性服务业发展过程中的基础设施投资也处在快速发展阶段。随着分工和专业化的发展，我国生产性服务逐步从制造业尤其是装备制造业中分离。但是，独立出来的生产性服务业也需要大量相关的配套基础设施，因此生产性服务业需要的装备制造业投入也比较多。

五　影响力系数比较

通过表 4 - 5 可以看出，发达国家装备制造业各细分行业的影响力系数都大于 1，其中，机动车制造业的影响力系数最高为 1.42。除金属制品业和机动车制造业外，中国装备制造业各细分行业影响力系数基本上都大于发达国家，意味着中国正处于迅速发展的工业化进程中，装备制造业发展可以带动更多后向关联产品的生产，装备制造业对经济发展的带动作用相当强，装备制造业应该成为经济发展的支柱产业，同时也说明中国工业化进程还有很广阔的发展空间。

表4-5　生产性服务业与装备制造业各细分行业的影响力系数国际比较

影响力系数	美国	加拿大	英国	德国	法国	意大利	日本	平均	印度	巴西	中国
金属制品业	1.16	1.28	1.27	1.30	1.27	1.34	1.42	1.29	1.23	1.27	1.24
锻压制品业	1.08	1.20	1.02	1.10	1.08	1.15	1.12	1.11	1.22	1.15	1.27
机器设备制造业	1.13	1.19	1.12	1.11	1.12	1.19	1.17	1.15	1.30	1.31	1.27
办公用品及计算机业	1.16	1.59	1.19	1.21	1.18	1.24	1.28	1.27	1.36	1.53	1.48
电气机械制造业	1.06	1.23	1.11	1.14	1.19	1.17	1.19	1.15	1.46	1.25	1.31
广播电视通信设备制造业	1.11	1.24	1.19	1.13	1.20	1.02	1.27	1.17	1.54	1.52	1.36
医疗器光学设备制造业	1.09	0.00	1.01	0.97	1.03	1.08	1.07	1.04	1.08	1.03	1.24
机动车制造业	1.43	1.66	1.31	1.36	1.38	1.34	1.50	1.42	1.29	1.52	1.32
其他运输设备制造业	1.10	1.31	1.14	1.20	1.42	1.29	1.33	1.25	1.26	1.42	1.30
批发、零售修理业	0.80	0.87	0.91	0.84	0.85	0.97	0.72	0.85	0.60	0.76	0.80
运输与仓储业	0.96	1.04	1.03	1.07	0.90	1.01	0.82	0.98	1.10	1.04	0.97
邮政与电信业	1.03	0.91	0.92	0.95	0.87	0.86	0.78	0.90	0.76	0.92	0.97
金融保险业	0.86	0.90	0.89	0.94	0.85	0.76	0.72	0.85	0.69	0.78	0.74
机器设备租赁业	1.00	0.85	0.86	0.64	0.83	0.93	0.80	0.84	0.62	0.00	0.00
计算机及相关活动	0.85	0.93	0.81	0.73	0.75	0.89	0.76	0.82	0.75	0.00	0.00
研究与发展业	0.89	0.92	0.84	0.91	0.99	0.77	0.77	0.86	0.00	0.00	1.08
其他商务活动	0.79	0.83	0.84	0.76	0.81	0.84	0.78	0.81	0.97	0.84	1.14

注：本表数据根据 OECD 投入产出数据库 20 世纪中期的数据计算而来。

发达国家装备制造业各细分行业的影响力系数比较小，原因是发达国家基本已经进入"服务经济"社会，服务业尤其是生产性服务业已经成为社会主导和支柱产业，装备制造业在国民经济中比重小而导致其后向带动作用比较薄弱。而中国研究与发展业与其他商务服务业的影响力系数远大于发达国家，意味着中国这两个行业的发展可以更强劲带动后向相关产业的发展，原因是这些行业的基础设施投资不完备，从而需要更多的基础设施投资。因此，中国这些生产性服务业的发展，需要有更多相关支撑行业的投入，例如，研发需要有更多高技术仪器、设备等试验器材的投入；物流服务需要铁路、公路、交通运输设备等基础设施的投入等。

六　感应度系数比较

通过表4-6可以看出，中国装备制造业的金属制品业、机器设备制造业、办公用品及计算机和电气机械制造业的感应度系数大于发达国家平均水平，意味着这些行业的前向关联度比较大，说明中国装备制造业"母机"特征的重要作用。装备制造业作为资本品投入，可以增加产品生产的"迂回"程度，提高分工和专业化程度，并能提升生产过程中技术水平和生产效率。

表4-6　　　生产性服务业与装备制造业感应度系数的国际比较

感应度系数	美国	加拿大	英国	德国	法国	意大利	日本	平均	印度	巴西	中国
金属制品业	1.46	1.70	1.02	1.36	1.33	1.40	2.15	1.49	2.59	1.69	2.73
锻压制品业	1.10	1.12	1.12	1.13	1.34	1.41	0.80	1.15	0.80	1.10	0.96
机器设备制造业	0.79	0.92	0.97	1.10	1.08	0.95	1.04	0.98	1.04	0.85	1.53
办公用品及计算机制造业	0.62	1.04	0.65	0.74	0.64	0.52	0.55	0.68	0.67	0.55	0.82
电气机械制造业	0.68	0.79	0.84	0.97	0.76	0.82	1.31	0.88	0.85	0.96	1.84
广播电视通信设备制造业	1.03	1.00	0.95	0.96	0.82	0.78	0.49	0.86	1.05	1.10	0.53
医疗器械光学设备制造业	0.59	0.00	0.62	0.58	0.70	0.59	0.54	0.60	0.55	0.59	0.58
机动车制造业	0.87	1.22	0.90	0.88	0.69	0.71	0.96	0.89	0.63	0.97	0.84
其他运输设备制造业	0.59	0.79	0.67	0.66	0.87	0.65	0.67	0.70	0.64	0.76	0.68
批发、零售和修理业	1.93	2.06	1.78	1.55	2.11	2.69	2.11	2.03	1.87	1.87	1.29
运输与仓储业	1.46	1.49	1.88	1.74	1.53	2.06	1.40	1.65	1.91	1.73	1.72
邮政与电信业	1.20	0.63	0.98	1.01	0.92	0.90	0.91	0.94	0.95	1.54	0.84
金融保险业	1.74	1.74	1.61	1.59	1.63	1.41	1.67	1.63	1.64	1.38	0.90
机器设备租赁业	0.81	0.73	0.73	1.01	0.77	0.56	0.94	0.79	0.58	0.00	0.00
计算机及相关活动	0.77	1.11	0.94	0.81	0.84	0.95	0.82	0.89	0.59	0.00	0.00
研究与发展业	1.84	0.00	0.58	0.57	0.95	0.55	1.10	0.80	0.00	0.00	0.40
其他商务活动	1.38	1.59	2.76	2.97	3.30	2.23	1.58	2.26	0.84	1.61	1.07

注：本表数据根据 OECD 投入产出数据库20 世纪中期的数据计算而来。

中国生产性服务业中批发、零售和修理业，邮政与电信业，金融保险业，研究与发展业和其他商务活动的感应度系数远小于发达国家平均水平，意味着这些行业对国民经济各部门的推动作用并不强烈，这些行业作为中间品投入并没有很好地促进其他行业的发展。原因是中国金融行业和电信行业对外开放程度低，基本处于垄断格局。金融部门更多支持国有大中型企业，并且国有大中型企业风险意识比较低，导致金融行业风险投资的效率低下；中国电信行业虽然发展比较快，但是，三网融合早在10年前都已经提及，但是，由于各方垄断利益，直到目前进展不是很顺利。另外，根据中国物流与采购行业报告，2012年，中国物流费用占GDP的18%，庞大的物流费用开支降低了各行业的效率。此外，由于中国物流、信息服务、商务以及研发都内置于制造业或事业单位内部，导致中国这些生产性服务发展滞后，对其他行业的感应程度也比较低。

七　结论

我国国民经济的制造业投入和装备制造业投入远高于发达国家，而发达国家国民经济的生产性服务投入和服务业投入远高于我国。由于中国国民经济的中间投入比较高，导致中国国民经济增加值率也远低于发达国家。我国装备制造业对生产性服务业各细分行业的中间需求基本上都比发达国家高，我国服务业对生产性服务业各细分行业的中间需求基本上都比发达国家低，中国装备制造业各细分行业的生产性服务投入基本上也都比发达国家低。中国装备制造业对生产性服务各细分行业的中间需求高，而装备制造业各细分行业的生产性服务投入低，说明我国生产性服务业与装备制造业的融合程度很低。另外，除了金属制品和机动车制造业外，中国装备制造业各细分行业的影响力系数都大于发达国家。中国研究与发展业和其他商务服务业的影响力系数远大于发达国家。中国金属制品业、机器设备制造业和电气机械制造业的感应度系数大于发达国家平均水平，而中国生产性服务业中批发、零售和修理业，邮政与电信业、金融保险业和其他商务活动的感应度系数远小于发达国家平均水平。

总体来看，中国装备制造业总投入中的生产性服务投入低，但是其对生产性服务业的中间需求率高，并且中国生产性服务业的装备制造业投入也很高。因此，我国生产性服务业与装备制造业的融合度很低。究其原因，主要有三个方面：

第一，新中国成立后实行计划经济体制，生产性服务一般内置于制造业或装备制造业内部，导致市场化和专业化分工程度不高。由于生产性服务与制造业尤其是装备制造业没有充分分离，导致中国生产性服务发展相当滞后。

第二，中国目前正处在工业化进程的高速发展阶段，国家也出台各种优惠措施鼓励装备制造业自主创新的优先发展，而生产性服务决定了装备制造业的核心竞争力，因此装备制造业发展过程中会对外部生产性服务有大量需求。

第三，目前中国生产性服务业发展非常迅速，但是，生产性服务业发展过程中需要大量装备制造业基础设施投资，会导致生产性服务业的装备制造业投入相对比较高。

基于以上分析，本节提出以下建议：

第一，中国装备制造业影响力系数比较大，意味着装备制造业发展可以带动后向相关产业发展。中国工业化道路正处于快速发展阶段，装备制造业的发展还有漫长道路要走。政府要鼓励企业淘汰落后的机器设备，采用先进机器设备提高效率并促进自主创新。中国的装备制造业要与"第三次工业革命"紧密结合起来，实现生产性服务业与装备制造业的深度融合发展。

第二，由于中国研发服务业与商务服务业的影响力系数大于发达国家，这两个行业发展可以带动更多后向相关产业发展。研发服务和商务服务是高技术生产性服务，但是，中国的研发服务和商务服务还处于起步发展阶段，尤其是研发服务，虽然中国研发经费投入逐年增加，但是效率低下。一个国家的技术进步主要来源于研发投入的数量和效率，但是，研发服务必须要和先进研发仪器设备相结合。而我国研发仪器设备水平比较滞后，大部分还需要依赖进口。因此，政府也可以出台相关的税收、金融等优惠政策鼓励这些行业先进机器设备的更新和自主创新，加强研发服务与研发仪器设备的深度融合。

第三，由于中国研发服务、商务服务、金融服务等生产性服务感应度系数远小于发达国家，说明这些生产性服务业的发展还很滞后。政府可以出台相应税收、法律、金融等政策，鼓励制造业尤其是装备制造业剥离发展生产性服务，剥离出来的生产性服务可以由分公司升级为独立核算的法人企业，或者承接国外生产性服务外包，或者对原有的生产性服务企业进行兼并重组以增强其实力，以使生产性服务满足装备制造业发展的需求。

此外，政府还要放宽生产性服务行业进入门槛，降低各行业之间的进入壁垒；通过营业税改增值税等税收手段、金融手段、法律手段等促进生产性服务发展。同时，政府还要创造良好的信用体系和经营环境，促进生产性服务的有序竞争，发挥生产性服务"黏合剂"作用，并充分利用第三次工业革命成果，有效促进生产性服务业与装备制造业的融合。

第二节　中国生产性服务业与装备制造业融合程度的变化

本节主要选取 1997 年、2002 年和 2007 年三张《中国投入产出表》①来进行分析。1997 年《中国投入产出表》40 个部门，其中，装备制造业包括金属制品业、机械工业、交通运输设备制造业、电气机械及器材制造业、电子及通信设备制造业和仪器仪表及文化办公用机械制造业。生产性服务业为货物运输及仓储业、邮电业、商业、金融保险业、社会服务业、科学研究事业和综合技术服务业。2002 年和 2007 年的 42 部门《中国投入产出表》中装备制造业包括金属制品业，通用、专用设备制造业，交通运输设备制造业，电气机械器材制造业，通信设备、计算机及其他电子设备制造业，仪器仪表及文化办公用机械制造业。生产性服务业包括交通运输及仓储业，邮政业，信息传输、计算机服务业及软件业，批发和零售业，金融业，租赁及商务服务业，研究与实验发展业和综合技术服务业。其中，1997 年机械工业包括 2002 年通用和专用设备制造业。1997 年货物运输及仓储业和 2002 年、2007 年交通运输及仓储业对应；1997 年邮电业和 2002 年、2007 年邮政业和信息传输、计算机服务及软件业中的邮政业和信息传输部分对应；1997 年商业和 2002 年、2007 年批发和零售业对应；1997 年社会服务业和 2002 年、2007 年租赁和商务服务业以及计算机服务和软件业对应；2002 年和 2007 年投入产出表的行业分类基本一致。

一　中国生产性服务业与装备制造业发展水平分析

通过对 1997 年、2002 年和 2007 年《中国投入产出表》的计算，结

---

① 由于 2010 年《中国投入产出表》延长表为 72 部门，而 2002 年和 2007 年投入产出表为 42 部门，为了行业分类一致和计算的方便，本节没有采用 2010 年《中国投入产出表延长表》。

果如表 4 - 7 所示，制造业占总产出的比重从 1997—2007 年基本保持在 60.8%—70.5% 之间，服务业产出在同一时间段在 21.2%—30.1% 之间，说明中国经济主要靠工业带动，服务业发展滞后。

表 4 - 7　　1997—2007 年装备制造业与生产性服务业产出比重及变化

	1997 年	2002 年	2007 年	1997—2002 年变化	2002—2007 年变化
生产性服务产出/总产出	0.139	0.166	0.132	0.196	- 0.202
装备制造业产出/总产出	0.149	0.161	0.200	0.079	0.240
制造业产出/总产出	0.664	0.608	0.705	- 0.085	0.160
服务业产出/总产出	0.212	0.301	0.235	0.417	- 0.219

注：制造业数据主要是投入产出表中第二产业，服务业数据主要是第三产业。

由于东南亚金融危机的影响，1997—2002 年，制造业占总产出比重下降 8.5%，而同时政府对国有企业进行改制，并出台多项有利于服务业发展的措施导致了服务业快速增长 41.7%。2002—2007 年，由于加入世界贸易组织并大量引进制造业外商直接投资，制造业比重迅速提高 16%，而与此同时，服务业的比重大幅下降 21.9%。因此制造业外商直接投资挤占了中国服务业发展的空间，制造业和服务业比重处于一种反向变动状态。

生产性服务业产出占总产出比重在 2002 年达到最大，为 16.6%，而装备制造业占总产出的水平也基本保持在 14.9%—20% 之间，总体水平不高。中国制造业总体比重很高，而技术密集和资本密集的装备制造业比重很低，说明中国制造业主要集中在资源密集型制造业和劳动密集型制造业之中。1997—2002 年，生产性服务业和装备制造业比重都有一定程度的增加，二者处于一种协调发展状态。但是，2002—2007 年，生产性服务业的比重下降了 20.2%，而装备制造业的比重却提升了 24%。主要原因是制造业外商投资持续扩张，而制造业 FDI 所需的生产性服务则由跨国公司的母公司提供，我国制造业 FDI 仅仅是代工形式，处于全球价值链的低端。生产性服务业外商直接投资的进入还存在层层壁垒，已经进入的生产性服务业 FDI 也主要为制造业 FDI 服务，和中国本土企业关联度不大。由于计划经济体制弊端，中国国有大中型企业中工厂、医院、学校、设计、销售、研发等一应俱全，没有分家，效率低下。中国生产性服务业还没有从制造业中分离出来，也没有很好地为装备制造业服务，二者处于不协调发展状态。

二　装备制造业和生产性服务业增加率变化分析

通过对 1997 年、2002 年和 2007 年《中国投入产出表》的计算，结果如表 4 - 8 所示，我国装备制造业的增加值率保持在 21%—33.6% 之间。1997—2002 年，通用和专用设备制造业增加值率，通信设备、计算机及其他电子设备制造业增加值率和仪器仪表与办公用品增加值率都处于下降状态，分别下降了 16.47%、17.11% 和 17.8%，而其他装备制造业增加值率变化不大。2002—2007 年，中国装备制造业的增加值率全部处于下降状态，其中，电气机械与器材制造业增加值率下降最多，为 29.4%。20 世纪 90 年代，中国开始大量引进制造业外商直接投资，进口国外的先进机器设备代工生产消费品和机器设备再进行出口。这种代工模式挤占了中国本土装备制造业的发展空间，并造成了本土装备制造业增加值率的下降。

表 4 - 8　　　　　　1997—2002 年装备制造业与生产性服务业
增加值率及变化

行业	1997 年增加值率	2002 年增加值率	2007 年增加值率	1997—2002 年变化率	2002—2007 年变化率
METE	0.2334	0.2367	0.2082	0.0142	- 0.1203
MACH	0.3361	0.2808	0.2309	- 0.1647	- 0.1777
TRAF	0.2621	0.2622	0.1948	0.0002	- 0.2571
ELEC	0.2234	0.2414	0.1704	0.0804	- 0.2940
COMMU	0.2536	0.2102	0.1653	- 0.1711	- 0.2138
OFFI	0.3128	0.2573	0.2116	- 0.1776	- 0.1774
TRAN	0.5657	0.4840	0.4613	- 0.1445	- 0.0468
POST	0.5747	0.3995	0.4905	- 0.3048	0.2277
INFOR	—	0.5608	0.6003	—	0.0703
WHOL	0.5100	0.5414	0.6011	0.0615	0.1103
FINA	0.6104	0.6394	0.6895	0.0475	0.0783
RENT	0.3973	0.3907	0.3231	- 0.0165	- 0.1731
RESE	0.3878	0.4658	0.4362	0.2012	- 0.0637
TESE	0.5673	0.5814	0.5376	0.0248	- 0.0753

注：METE 表示金属制品业，MACH 表示通用和专用设备制造业，TRAF 表示交通运输设备制造业，ELEC 表示电气机械及器材设备制造业，COMMU 表示通信设备、计算机及其他电子设备制造业，OFFI 表示仪器仪表及办公用品制造业，TRAN 表示交通运输及仓储业，POST 表示邮政业，INFOR 表示信息传输、计算机服务及软件业，WHOL 表示批发与零售业，FINA 表示金融业，RENT 表示租赁和商务服务业，RESE 表示研究与实验发展业，TESE 表示综合技术服务业。

我国生产性服务业增加值一般在 40%—70% 之间，其中，2007 年金融业增加值率最高达到了 68.95%。1997—2002 年，交通运输及仓储业和邮政业增加值率下降幅度分别为 14.5% 和 30.48% 原因，可能与行业分类变化有关。其他除研究与发展业增加值率上升 20.12% 外，其他生产性服务业增加值率略微上升但变化不大。

2002—2007 年，交通运输及仓储业、租赁与商务服务业、研究与发展业和综合技术服务业增加值率都处于下降状态，下降幅度分别为 4.68%、17.31%、6.37% 和 7.53%。这一时期中国生产性服务业发展处于一种高投入低增加值率的粗放发展状态，特别是研究与发展业和综合技术服务业等科技服务业由于体制等原因效率低下。国家大量科研经费投入到高校和科研院所却变成了发表论文的激励，学术成果和专利发明的转化率很低。而邮政业，信息传输、计算机服务和软件业，批发与零售业和金融业增加值率都有不同程度上升，增加幅度分别为 22.77%、7.03%、11.03% 和 7.83%。1998 年中国第一条网线加入互联网后，我国电子商务行业发展非常迅猛，同时也带动了物流行业、营销等相关行业的快速发展。1998 年后中国国有企业改制，金融上市公司及外资金融机构逐渐增多，效率也逐步提升，导致金融业的增加值率也有所增加。

三 装备制造业中间需求率和中间投入率变化分析

对 1997 年、2002 年和 2007 年《中国投入产出表》计算，中国装备制造业的物质性投入达到 60%—70%，而装备制造业的服务性投入只有 10% 左右，并且趋于下降状态，因此我国装备制造业的发展还是依赖高投入、高耗能、高占用的粗放模式发展。1997—2002 年，装备制造业的物质性投入变化不大，但是，装备制造业除了金属制品业的服务投入外都大幅增加，其中，交通运输设备制造业的服务投入增加最多达到 53.75%，仪器仪表与办公用制造业的服务投入增加最少也达到 25.46%。

表 4-9　　1997—2007 年装备制造业各细分行业的各种投入情况

	METE	MACH	TRAF	ELEC	COMMU	OFFI
1997 年物质性投入	0.6313	0.5778	0.6678	0.6805	0.6713	0.5920
2002 年物质性投入	0.6306	0.5916	0.6306	0.6222	0.6850	0.6233
2007 年物质性投入	0.7156	0.6804	0.7208	0.7385	0.7400	0.7050
1997—2002 年变化	-0.0011	0.0239	-0.0558	-0.0858	0.0203	0.0529
2002—2007 年变化	0.1348	0.1500	0.1430	0.1870	0.0803	0.1310

	METE	MACH	TRAF	ELEC	COMMU	OFFI
1997 年服务投入	0.1345	0.0856	0.0696	0.0960	0.0751	0.0952
2002 年服务投入	0.1322	0.1271	0.1070	0.1363	0.1047	0.1194
2007 年服务投入	0.0760	0.0886	0.0844	0.0911	0.0948	0.0834
1997—2002 年变化	−0.0168	0.4842	0.5375	0.4209	0.3946	0.2546
2002—2007 年变化	−0.4253	−0.3026	−0.2118	−0.3321	−0.0947	−0.3018
1997 年生产性服务投入	0.1231	0.0749	0.0649	0.0837	0.0700	0.0864
2002 年生产性服务投入	0.1130	0.1074	0.0964	0.1169	0.0960	0.0938
2007 年生产性服务投入	0.0560	0.0723	0.0744	0.0779	0.0877	0.0673
1997—2002 年变化	−0.0818	0.4340	0.4861	0.3957	0.3716	0.0850
2002—2007 年变化	−0.5040	−0.3269	−0.2287	−0.3332	−0.0865	−0.2824
1997 年装备制造投入	0.1619	0.3039	0.4528	0.2498	0.5056	0.3433
2002 年装备制造投入	0.1456	0.2941	0.4214	0.2261	0.5575	0.3821
2007 年装备制造投入	0.1930	0.3545	0.4968	0.3044	0.6001	0.4899
1997—2002 年变化	−0.1006	−0.0320	−0.0695	−0.0947	0.1028	0.1129
2002—2007 年变化	0.3254	0.2051	0.1790	0.3461	0.0762	0.2824

注：物质性投入表示装备制造业细分行业总投入中工业投入占的比重，服务投入是指各装备制造业行业总投入中第三产业投入占的比重，生产性服务投入是指各装备制造业细分行业中生产性服务投入占的比重，装备制造投入是指各装备制造业细分行业投入中装备制造业投入占的比重。

装备制造业中的生产性服务投入除了金属制品和仪器仪表与办公用机器制造业变化不大外，其他装备制造业的生产性服务投入都大幅度增加。其中，交通运输设备制造业的生产性服务投入增幅最大，达到 48.61%。1997 年之后中国开始国有企业改制，计划经济时期国有企业制造和服务合二为一的经营模式逐步改观，生产性服务业及其他服务业逐渐从制造业企业中剥离而专业化生产。

2002—2007 年，装备制造业的物质性投入都有 10% 左右的增加并且比重基本都维持在 70% 以上，其中，电气机械及器材装备制造业增幅最大，达到 18.7%。但是，装备制造业的服务投入都有大幅度下降，其中，金属制品制造业的服务投入下降最大，达到 42.53%；通信设备、计算机及其他电子设备制造业的服务投入下降最少，为 9.47%，其他装备制造业服务投入下降都在 20%—30% 之间。装备制造业生产性服务投入也有大幅度下降，其中，金属制品业的生产性服务投入下降最多，达到

50.4%，通信设备、计算机和其他电子设备制造业生产性服务投入下降最少，为 8.65%，其他装备制造业中生产性服务投入都下降了 22%—33%。装备制造业中自身装备制造投入都有大幅度增加，其中，电气机械及器材设备制造业装备制造投入幅度最大达到 34.61%。国有企业改制后都大量淘汰落后的机器设备，采用更先进的机器设备进行固定资产更新改造，用机器制造机器的迂回生产方式提高了效率，制造企业逐渐走出困境。装备制造业自身的大规模投入替代了生产性服务业投入，导致这一时期装备制造业生产性服务投入大规模下降。

四 生产性服务业的中间需求情况变化分析

由于 1997 年和 2002 年生产性服务业细分行业的划分口径部分不一致，本部分主要对 2002 年和 2007 年的《中国投入产出表》的中间需求率进行计算，结果如表 4-10 所示，装备制造业对生产性服务业的需求基本保持在 10% 左右，说明我国装备制造业对生产性服务业的中间需求低。服务业对邮政业和金融业的中间需求要大于制造业对邮政业和金融业的中间需求。但是，2007 年装备制造业对研究与发展业和综合技术服务业的科技服务中间需求率分别为 33.1% 和 13.6%，说明装备制造业对科技服务的中间需求更加强烈。

表 4-10 2002—2007 年中国生产性服务业各细分行业的中间需求变化情况

	TRAN	POST	INFOR	WHOL	FINA	RENT	RESE	TESE
2002 年装备制造需求率	0.093	0.051	0.111	0.110	0.072	0.136	0.052	0.034
2007 年装备制造需求率	0.090	0.097	0.060	0.144	0.098	0.104	0.331	0.136
2002—2007 年装备制造需求变化	-0.03	0.902	-0.459	0.309	0.361	-0.235	5.365	3.000
2002 年制造业需求率	0.457	0.153	0.450	0.448	0.286	0.439	0.104	0.271
2007 年制造业需求率	0.496	0.304	0.290	0.395	0.400	0.284	0.523	0.555
2002—2007 年制造业需求变化	0.085	0.987	-0.356	-0.118	0.399	-0.353	4.029	1.048
2002 年服务业需求率	0.250	0.424	0.302	0.128	0.464	0.321	0.097	0.094
2007 年服务业需求率	0.229	0.510	0.234	0.097	0.342	0.358	0.096	0.122
2002—2007 年服务业需求变化	-0.08	0.203	-0.225	-0.242	-0.263	0.115	-0.01	0.298

注：装备制造业需求率指的是各生产性服务业细分行业被国民经济各行业的总需求中装备制造业需求所占比重，制造业需求率指的是各生产性服务业细分行业被国民经济各行业的总需求中工业需求所占比重，服务业需求率指的是生产性服务业各细分行业被国民经济各行业的总需求中第三产业需求所占比重，生产性服务业需求率指的是生产性服务业各细分行业被国民经济各行业的总需求中生产性服务业需求所占比重。

2002—2007 年，装备制造业对交通运输及仓储业，信息传输、计算机服务与软件业，租赁与商务服务业的中间需求有所下降，其中，对信息传输、计算机服务与软件业和租赁及商务服务业的需求分别下降了45.9%和23.5%。信息化社会中，工业化和信息化的融合是大势所趋，但是，中国装备制造业的信息服务投入不足并大幅下降，说明我国装备制造业的信息化道路还很漫长。另外，租赁和商务服务业本是从制造业分离出来的中介服务业，但是，制造业整体以及装备制造业对这些中介服务的需求并不强烈，也反映出我国租赁及商务服务业等中介服务发展滞后。装备制造业对其他生产性服务业需求有所上升，其中，对研究与发展业和综合技术服务业等科技服务业的中间需求率分别增加5.365倍和3.0倍，说明装备制造业对科技服务业的需求越来越强烈。制造业总体对信息传输、计算机服务与软件业和租赁及商务服务业的需求大幅下降，下降幅度分别达到35.6%和35.3%，制造业的信息化程度和中介服务发展也很滞后。制造业总体对其他生产性服务业的需求有所上升，其中对研究与发展业和综合技术服务业等科技服务业的中间需求大幅上升，增加幅度达到4.029倍和1.048倍，说明制造业总体的发展也更加依赖科技服务投入。服务业总体对邮政业、租赁和商务服务业、综合技术服务业的需求有所增长，增长幅度达到20.3%、11.5%和29.8%。服务业整体对其他生产性服务业的需求有所下降，其中，对信息传输、计算机服务与软件业和金融业的需求下降幅度分别达到22.5%和26.3%。

五　影响力系数与感应度系数及其变化比较

（一）装备制造业和生产性服务业影响力系数

影响力系数反映某一产业总投入增加1单位时，国民经济中所有生产该产业的中间投入部门所受到的影响程度。感应度系数反映某一产业的总产出增加1单位时，对该产业有需求的所有国民经济行业所受到感应程度。对2002年和2007年《中国投入产出表》计算，结果如表4-11所示。

表4-11　中国装备制造业与生产性服务业影响力系数和感应度系数及其变化

行业	2002年影响力	2007年影响力	2002—2007年变化	2002年感应度	2007年感应度	2002—2007年变化
METE	1.245	1.269	0.019	1.015	1.017	0.002
MACH	1.208	1.254	0.038	1.527	1.588	0.040

续表

行业	2002 年影响力	2007 年影响力	2002—2007年变化	2002 年感应度	2007 年感应度	2002—2007年变化
TRAF	1.258	1.341	0.066	1.230	1.195	-0.029
ELEC	1.261	1.346	0.068	1.124	1.186	0.055
COMMU	1.395	1.092	-0.218	1.913	1.479	-0.227
OFFI	1.285	1.345	0.047	0.618	0.659	0.066
TRAN	0.917	0.892	-0.028	1.880	1.480	-0.213
POST	1.026	0.863	-0.159	0.436	0.385	-0.116
INFOR	0.904	0.779	-0.138	0.894	0.590	-0.340
WHOL	0.855	0.727	-0.149	1.811	1.060	-0.415
FINA	0.733	0.618	-0.157	1.228	1.139	-0.072
RENT	1.088	1.093	0.004	0.884	0.802	-0.093
RESE	1.007	0.978	-0.029	0.425	0.415	-0.023
TESE	0.819	0.842	0.029	0.516	0.520	0.008

注：METE 表示金属制品业，MACH 表示通用和专用设备制造业，TRAF 表示交通运输设备制造业，ELEC 表示电气机械及器材设备制造业，COMMU 表示通信设备、计算机及其他电子设备制造业，OFFI 表示仪器仪表及办公用品制造业，TRAN 表示交通运输及仓储业，POST 表示邮政业，INFOR 表示信息传输、计算机服务及软件业，WHOL 表示批发与零售业，FINA 表示金融业，RENT 表示租赁和商务服务业，RESE 表示研究与发展业，TESE 表示综合技术服务业。

2002—2007 年，装备制造业和生产性服务业的影响力系数基本变化不大。但是装备制造业中的通信设备、计算机及其他电子设备制造业的影响力系数下降了 21.8%，说明该行业的后向联系降低了 21.8%。生产性服务业中邮政业，信息传输、计算机服务及软件业，批发及零售业，金融业的影响力都下降了 15% 左右，说明了这些行业后向联系降低了 15% 左右。装备制造业的影响力系数基本在 1.2—1.4 之间，影响力系数都大于社会平均水平，说明装备制造业的后向联系大于社会平均水平，装备制造业的发展可以带动相关投入行业的发展。生产性服务业的影响力系数只有租赁和商务服务业和综合技术服务业影响力系数接近社会平均水平，其他生产性服务业的影响力系数基本小于社会平均水平，说明生产性服务业对相关后向投入行业的带动能力较弱。

（二）装备制造业和生产性服务业感应度系数

对 2002 年和 2007 年《中国投入产出表》计算如表 4 - 11 所示。

2002—2007年，生产性服务业中交通运输及仓储业，邮政业，信息传输、计算机服务及软件业，批发和零售业感应度系数都有大幅度下降，分别下降21.3%、11.6%、34%和41.5%，其他生产性服务业感应度系数略微下降。说明这些行业产出变化1个单位，所有其他产业对该产业的中间需求减弱。装备制造业中，通信设备、计算机及其他电子设备制造业的感应度系数下降了22.7%，说明该产业产出变化1个单位，其他所有产业对该产业的中间需求下降。装备制造业的感应度系数除了仪器仪表及办公用机械制造业小于1外，其他都大于1，说明装备制造业除了仪器仪表及办公用机械制造业外，各产业又作为资本品投入，再生产其他产品，前向关联效应比较大。生产性服务业中交通运输及仓储业、批发及零售业和金融业感应度系数大于1，说明这几个行业的前向关联效应比较大。

六　结论

通过1997年、2002年和2007年《中国投入产出表》对我国装备制造业和生产性服务业从占总产出的比重、增加值率、中间投入率、中间需求率、影响力系数和感应度系数及其变化的计算，可以得出以下结论：

（1）中国经济结构构成中制造业占60%—70%，服务业只占20%—30%，服务业发展滞后。装备制造业和生产性服务业占总产出的比重只有14%—20%，水平更低。我国制造业总比重很高，但是，资本和技术密集的装备制造业份额很低，说明制造业集中在资源密集型和劳动密集型产业。2002—2007年，生产性服务业比重在下降，装备制造业比重在上升，处于不协调发展状态。

（2）装备制造业增加值率在20%—30%之间，但生产性服务业增加值率在40%—70%之间并且变化不大，说明我国生产性服务业增加值率远远高于装备制造业增加值率。2002—2007年，中国装备制造业细分行业增加值率全部处于下降状态，其中，1997—2002年，除了金属制品业、交通运输设备制造业、电气机械及器材制造业外，其他装备制造业的增加值率也全部下降。

（3）1997—2007年，中国装备制造业的物质性投入达到了60%—70%之间，而装备制造业的服务性投入只有10%左右，生产性服务业投入更低。说明我国装备制造业的发展还是依赖高耗能的粗放式发展，科技服务等生产性服务投入严重不足。1997—2002年随着国有企业改制，部分服务从制造业中分离，装备制造业的服务投入和生产性服务业投入都在大幅度增加；但是，2002—2007 年由于中国制造业代工模式的高速发展，装备制造业的服务投入和生产性服务都大幅下降。

（4）装备制造业对生产性服务业的中间需求率在 10% 左右，制造业总体对生产性服务业的中间需求率在 30%—55% 之间。说明劳动密集型和资源密集型制造业对生产性服务的中间需求较多，而资本和技术密集型的装备制造业对生产性服务业需求不足。2002—2007 年，装备制造业对邮政业、研究与发展服务业、综合技术服务业的中间需求率分别增长了90.2%、5.365% 和 3.0%。装备制造业对科技服务和邮政服务的依赖度大幅提高。装备制造业对信息传输、计算机服务及软件业和租赁及商务服务业的中间需求率下降了 45.9% 和 23.5%，说明了中国装备制造业的信息化程度不足和中介服务发展不完善。

（5）装备制造业影响力系数都大于 1，感应度系数除了仪器仪表及办公用机械制造业外都大于 1，因此装备制造业前向联系和后向关联都很大，发展装备制造业对我国国民经济发展具有重要的战略支撑意义。生产性服务业的影响力系数只有租赁和商务服务业和综合技术服务业的影响力系数接近社会平均水平，其他生产性服务业的影响力系数基本小于社会平均水平，说明了我国生产性服务业后向带动作用不强。另外，生产性服务业中交通运输及仓储业、批发及零售业和金融业感应度系数大于 1，其他生产性服务业感应度系数都小于 1，因此生产性服务业中交通运输及仓储业、批发及零售业和金融业对其他产业的前向联系很大，而这些生产性服务业都属于传统生产性服务业。

第三节　长三角生产性服务业与装备制造业融合程度比较分析

本部分主要选取江苏、浙江、上海和中国 2007 年 4 张 42 部门《投入产出表》来进行分析。其中装备制造业主要包括投入产出表中的金属制品业，通用与专用设备制造业，交通运输设备制造业，电气机械及器材制造业，通信设备、计算机及其他电子设备制造业，仪器仪表及文化办公用机械制造业 6 个部门。此外，生产性服务业主要包括投入产出表中的交通运输、仓储与邮政业，信息传输、计算机服务与软件业，批发与零售业，金融保险业，租赁与商务服务业，科学研究业和综合技术服务业等 8 个部门。

（一）长三角生产性服务业与装备制造业增加值率的比较分析

通过表 4 – 12 可以看出，上海交通运输及仓储业增加值率仅为25.4%，远低于全国平均水平 46.1%；长三角中浙江邮政业增加值率最高，为 61.7%，远高于全国平均水平 49.1%；长三角信息传输、计算机服务和软件业的增加值率都远低于全国水平 60%；长三角地区批发和零售贸易业增加值率远高于全国水平 60.1%，其中江苏最高，为 77.1%；上海金融保险业增加值率仅为 52.9%，远低于全国水平 68.9%；上海租赁和商务服务业增加值率仅为 27.7%，远低于全国水平 32.3%；上海科学研究业增加值率最低，仅为 40.5%，低于全国水平 43.6%。而江苏科学研究增加值率最高，为 53.7%，远高于全国水平 43.6%；长三角地区综合技术服务业增加值率都低于全国水平 53.8%，其中上海最低，为34.7%。从以上比较可以看出，上海生产性服务业中只有邮政业及批发和零售业增加值率高于全国水平，其他生产性服务业增加值率均低于全国水平。上海生产性服务业增加值率比较低的重要原因是上海生产性服务外商直接投资比较多，总部经济比较发达，上海已经成为国内跨国公司地区总部最多的城市。由于生产性服务 FDI 的大量存在，生产性服务业附加值大部分被跨国公司拿走，因此上海生产性服务业增加值率比较低。

表 4 – 12　　　　2007 年长三角生产性服务业的增加值率比较

行业	江苏	上海	浙江	全国
交通运输及仓储业	0.476666	0.25399	0.43726	0.461337
邮政业	0.494649	0.554273	0.616649	0.490503
信息传输、计算机服务和软件业	0.539833	0.498169	0.519048	0.600263
批发和零售贸易业	0.770911	0.675492	0.713139	0.601142
金融保险业	0.733081	0.528637	0.772226	0.689455
租赁和商务服务业	0.322766	0.277041	0.308387	0.32309
科学研究业	0.537422	0.404557	0.439555	0.4361504
综合技术服务业	0.38708	0.347068	0.449542	0.537584
金属制品业	0.182782	0.242504	0.214057	0.208241

续表

行业	江苏	上海	浙江	全国
通用、专用设备制造业	0.22033	0.22383	0.242972	0.23089
交通运输设备制造业	0.26064	0.205868	0.226566	0.194772
电气机械及器材制造业	0.228585	0.217392	0.184978	0.170421
通信设备、计算机等制造业	0.218376	0.10458	0.19477	0.16527
仪器仪表及办公制造业	0.231227	0.251794	0.239989	0.21163

注：增加值率指的是某一个产业的增加值部分与该产业总产出的比重，而该产业的增加值等于该产业的总产值减去中间投入部分。

上海通信设备、计算机及其他电子设备制造业增加值率仅为10.5%，不仅远低于江苏和浙江，而且也远低于全国水平16.5%。该行业增加值率比较低的原因可能是，虽然技术含量比较高，但是，基本处于全球价值链的加工组装环节，核心零部件一般需要进口，高额附件利润一般被外资公司或在中国的跨国公司拿走。朱振锴和项歌德（2013）对上海电子设备增加值率比较低的原因解释为上海电子设备产业比重、外资企业比重与增加值率存在倒挂现象。由于上海电子设备产业比重高和外资企业比重高，导致电子设备企业增加值率低。另外，外资加工贸易模式导致上海高技术产业增加值率偏低；电子通信设备产业的研发强度比较低也降低了上海电信设备产业的增加值率。

（二）长三角装备制造业各细分行业的生产性服务投入比较分析

通过表4-13可以看出，上海金属制品业的生产性服务投入最高，为14.9%，远高于全国水平5.6%；上海通用和专用设备制造业的生产性服务投入达到了14.3%，也远高于全国水平7.2%；上海交通运输设备制造业的生产性服务投入最高，为21.4%，远高于全国水平7.4%；上海电气机械及器材设备制造业的生产性服务投入最高，为19.3%，远高于全国水平7.8%；上海通信设备、计算机及其他电子设备制造业的生产性服务投入最高，为12.6%，远高于全国水平8.7%；上海仪器仪表及文化办公用品设备制造业的生产性服务投入程度最高，为12.6%，远高于全国水平6.7%。

表 4 - 13　2007 年长三角装备制造业各细分行业的生产性服务投入比较

行业	金属制品业	通用和专用设备制造业	交通运输设备制造业	电气机械及器材设备制造业	通信设备、计算机制造业	仪器仪表及办公制造业
江苏	0.05581	0.071396	0.067284	0.065224	0.080129	0.066654
上海	0.149413	0.143425	0.214073	0.192892	0.125932	0.125612
浙江	0.076026	0.087515	0.080032	0.092342	0.092354	0.09347
全国	0.056046	0.072288	0.07435	0.077922	0.087670	0.067296

注：中间投入率反映的是某一产业在生产过程中所需要的国民经济各产业中间投入的和与该产业需要的总投入（中间总投入 + 增加值）的比值。

通过比较分析可知，上海装备制造业各细分行业的生产性服务投入都比较高，原因是上海市场化程度相对比较高，导致生产性服务与装备制造业专业化分工程度也比较高，从而生产性服务与装备制造业相对充分分离。上海生产性服务本身比较发达，又承接了国外生产性服务外包和吸引了大量生产性服务 FDI，导致上海生产性服务不但可以为上海装备制造业提供服务，还可以为长三角其他地区提供服务。大量研究表明，生产性服务内含专业化的人力资本和知识资本，可以降低企业的成本，提高制造业的生产效率和竞争力。因此，上海装备制造业生产性服务投入比较多，也验证了上海装备制造业的竞争力比较强。

（三）长三角装备制造业对生产性服务各细分行业需求的比较分析

通过表 4 - 14 可以看出，上海地区交通运输及仓储业和邮政业的装备制造业中间需求率都比较低，分别为 13.3% 和 11.6%，远低于全国水平 26.4% 和 40.3%。江苏交通运输及仓储业和邮政业的装备制造业中间需求都比较高，分别为 41.6% 和 60.1%，远高于全国水平。长三角地区信息传输、计算机服务和软件业的装备制造业中间需求高于全国水平 11.6%，其中，上海最高达到了 77%；上海批发和零售贸易业的装备制造业中间需求为 40.5%，远高于全国水平 23%；江苏金融保险业的装备制造业中间需求为 46.9%，远高于全国水平 29.2%；长三角租赁和商务服务的装备制造业中间需求相对比较发达，都高于全国水平 22.8%，其中，上海最高为 42.6%；上海科学研究事业的装备制造业中间需求仅为 34.1%，远低于全国水平 48.9%。上海综合技术服务业的装备制造业中间需求为 30.6%，低于全国水平 35.1%。江苏和浙江综合技术服务业的装备制造业中间需求高于全国水平，其中浙江为 70%，为全国平均水平的 2 倍。

表 4 – 14　　2007 年长三角生产性服务各细分行业的装备制造业中间
需求的比较

行业	江苏	上海	浙江	全国
交通运输及仓储业	0.415794	0.133026	0.290838	0.264189
邮政业	0.600806	0.115791	0.26213	0.403384
信息传输、计算机服务和软件业	0.212384	0.77144	0.12428	0.116304
批发和零售贸易业	0.279763	0.405192	0.297057	0.230153
金融保险业	0.469266	0.302192	0.272282	0.292189
租赁和商务服务业	0.306063	0.425825	0.378148	0.227508
科学研究事业	0.491708	0.340957	0.528384	0.489348
综合技术服务业	0.378124	0.305939	0.696614	0.350625

注：中间需求率指的是某一产业被国民经济各产业中间使用之和与整个国民经济各产业对该产业总需求（中间需求＋最终需求）的比值。

以上结果表明，上海信息服务业、批发和零售贸易业与商务服务业等行业的装备制造业中间需求程度高，说明上海装备制造业信息化程度相对比较高。随着第三次工业革命的逐步推进，工业机器人将逐渐推广到应用领域，机器设备智能化程度也将逐步提升，上海信息化与工业化的融合程度也将发展到一个新的水平。由于上海的市场化程度比较高，咨询、法律、广告等中介服务分工越来越深化，上海优良的商务服务环境也提升了装备制造业的竞争力。另外，上海是中国经济最发达的城市之一，由于相对比较发达的营销网络和商业环境，上海批发和零售贸易的装备制造业中间需求也比较高。上海交通运输及仓储业、邮政业以及科技服务业的装备制造业中间需求比较低，原因可能是上海装备制造业外商直接投资比较多，跨国公司有一套自己的物流系统，对国内依赖程度比较低。上海装备制造业接收国外订单，进口原材料、零部件进行组装生产，从而可以不承担价值链中的研发和设计环节，导致上海装备制造业对这些生产性服务的中间需求不足。

（四）长三角生产性服务业的装备制造业投入比较分析

通过表 4 – 15 可以看出，上海交通运输与仓储业、邮政业的装备制造

业投入都比较低，分别为 7.0% 和 0.3%，远低于全国平均水平 9.7% 和
10.65%。上海信息传输、计算机服务和软件业的装备制造业投入最低，
为 9.9%，远低于全国水平 16%；上海与浙江租赁和商务服务业的装备制
造业投入远低于全国水平 21.7%；上海科学研究事业的装备制造业投入
也只有 11.7%，低于全国平均水平 17.7%；上海综合技术服务业的装备
制造业投入最低，为 9.8%，远低于全国水平 16.8%。

表 4-15　2007 长三角生产性服务各细分行业的装备制造业投入比较

	江苏	上海	浙江	全国
交通运输与仓储业	0.089617	0.069927	0.107975	0.097101
邮政业	0.105181	0.002937	0.019981	0.106045
信息传输、计算机服务和软件业	0.171735	0.099072	0.252859	0.159545
批发和零售贸易业	0.020673	0.00936	0.013846	0.035994
金融保险业	0.012929	0.00675	0.007567	0.012847
租赁和商务服务业	0.220046	0.159767	0.141591	0.21729
科学研究事业	0.14554	0.116685	0.231759	0.177404
综合技术服务业	0.221251	0.09832	0.270329	0.167958

注：中间投入率反映的是某一产业在生产过程中所需要的国民经济各产业中间投入的和，与
该产业需要的总投入（中间总投入 + 增加值）的比值。

　　另外，浙江综合技术服务的装备制造业投入达到 27%，远高于全国
水平。生产性服务本是从制造业中分离出来的一部分，生产性服务在发展
过程中也需要固定资产投资。例如，研发服务需要先进的研究仪器设备的
投入；信息服务的生产也需要计算机、网络等硬件设备的投入；交通运输
与仓储业的生产也需要铁路、公路、航空等基础设施的投资等。而生产性
服务的固定资产的初始投资数额比较大，一旦投资完成后可以多年使用，
边际成本比较低。上海生产性服务各细分行业装备制造业投入都比较低，
说明了上海生产性服务的固定投资存量相对比较多，生产性服务固定资产
投资的流量相对比较少。由于上海生产性服务固定资产投资相对比较完
善，再加上生产性服务更多是靠人力资本和知识资本的投入，因此上海生
产性服务业相对比较发达。

　　（五）长三角生产性服务业对装备制造业各细分行业需求的比较分析
　　通过表 4-16 可以看出，上海生产性服务业对金属制品业和仪器仪表

及文化办公用机械制造业的生产性服务需求都比较高，分别达到了
41.8% 和 28.1%，高于全国水平 9.6% 和 11.4%。长三角生产性服务对通
用与专用设备制造业的中间需求都远低于全国 4.3% 的水平，其中，浙江
最低，为 0.4%；上海生产性服务对交通运输设备制造业的中间需求最低
为 4.5%，远低于全国水平 17%；长三角生产性服务对电气、机械及器材
设备制造业的中间需求都远低于全国水平 13.3%；浙江生产性服务对通
信设备、计算机及其他电子设备制造业的中间需求为 18.8%，高于全国
水平 7%，而上海最低，为 1.6%。

表 4-16 　　　2007 年长三角生产性服务对装备制造业各细分行业
需求的比较结果

	江苏	上海	浙江	全国
金属制品业	0.0378	0.41814	0.19213	0.096370
通用与专用设备制造业	0.01899	0.0062	0.00422	0.043119
交通运输设备制造业	0.12783	0.04542	0.05398	0.170013
电气、机械及器材设备制造业	0.05419	0.04826	0.04353	0.133266
通信设备、计算机及其他电子设备制造业	0.02009	0.01592	0.18772	0.070346
仪器仪表及文化办公用机械制造业	0.08392	0.28085	0.02411	0.113780

注：中间需求率指的是某一产业 i 被国民经济各产业中间使用之和，与整个国民经济各产业
对该产业总需求（中间需求+最终需求）的比值。

以上结果表明，上海生产性服务对金属制品与仪器仪表及文化办公用
机械制造业的中间需求比较高，原因是上海生产性服务发展过程中，金属
制品业与仪器仪表及文化办公用机械制造业的基础设施投入还不完善，需
要加强这方面的固定资产投资，以加快上海生产性服务业的健康快速发
展。另外，上海生产性服务业对通用与专用设备制造业，电气、机械及器
材设备制造业以及通信设备、计算机及其他设备制造业的中间需求都比较
低，从需求角度说明了上海生产性服务业发展中固定资产投资比较完善。
上海应该抓住有利的条件，充分利用资源优势，发展生产性服务业。从总
体来看，上海生产性服务业对装备制造业各细分行业的中间需求比较低，
而同时上海生产性服务业的装备制造业投入也比较低，二者的融合程度相
对比较高。

（六）结论

（1）长三角地区交通运输设备制造业以及仪器仪表及文化办公用机械制造业增加值率高于全国平均水平。由于上海通信设备、计算机及其他电子设备制造业和生产性服务业各细分行业的外商直接投资比较多，增加值的大部分都被外商拿走，因此增加值率很低。上海应该提升装备制造业的自主创新能力，在引进、消化和吸收的基础上降低对国外核心零部件的过分依赖，逐步摆脱被锁定在全球价值链低端的局面。上海在承接生产性服务外包和引进生产者服务 FDI 的基础上，也应该提升中国本土生产性服务业的话语权，注意防范中国本土生产性服务业的产业安全问题。

（2）上海装备制造业各细分行业的生产性服务投入都比较高，较高的生产性服务投入提升了上海装备制造业竞争力。上海的交通运输仓储业、邮政业、科学研究业和综合技术服务业的装备制造业中间需求比较低，说明这些行业的固定资产投资相对完善，这些生产性服务与装备制造业融合程度比较高。上海的信息服务业、批发和零售贸易业、商务服务业等行业的装备制造业中间需求比较高，说明这些行业的固定资产投资还在迅速增长，政府应该引导这些行业健康发展。上海应该充分利用生产性服务业与装备制造业都比较发达的优势，提升装备制造业与生产性服务业的产业关联效应，加强装备制造业的生产性服务投入，提升装备制造业的竞争力。

（3）上海生产性服务业各细分行业装备制造业投入比较低，说明上海生产性服务的固定资产投资相对其他地区比较多，可以更充分为装备制造业提供服务。江苏和浙江信息服务业以及研发服务业的装备制造业投入高于全国平均水平。江苏和浙江应该强化信息服务和综合技术服务的装备制造业基础设施建设，加强信息化进程中的硬件建设。上海装备制造业各细分行业的生产性服务中间需求远低于全国水平，说明这些行业的外商投资比较多，国内生产性服务的产业关联效应比较弱，政府应该提升这些行业的自主创新能力建设。

第五章　生产性服务嵌入、技术进步与出口升级

改革开放以来，中国沿海地区出现了"消费品出口比重高、机器设备进口比重高"的"双高"现象，这种"双高"现象的背后存在着密切关联。由于出口的商品主要是最终消费品，而其生产过程中最重要的中间投入就是机器设备。中国出口企业为了顺利实现出口，其生产的产品必须满足国外消费者的"苛刻"要求，并且国外政府又设置了层层贸易壁垒，这些都要求出口厂商所使用的机器设备能生产出满足"国际质量"的产品。但是，中国本土装备制造业本身技术水平落后，其所提供的机器设备难以满足国外"挑剔"客户的需求。在此背景下，沿海地区的出口厂商只能被动地依靠大规模进口国外先进机器设备来跨域"技术差距"，进而弥补"质量差距"。在开放经济条件下，新贸易理论认为，发达国家研发资本嵌入机器设备中通过进出口贸易产生扩散，进口国可以通过机器设备进口获得发达国家的技术溢出。根据分析可知，研发资本嵌入机器设备中是生产性服务与装备制造业融合的一种重要形式，本章将重点研究国外研发资本嵌入机器设备中，并通过出口给中国带来技术溢出效应。在此基础上，本章还将研究生产性服务业各细分行业嵌入装备制造业中，从而给装备制造业效率提升带来的融合效应。

第一节　中国中间品、资本品进口的研发溢出效应

一　背景分析

当今世界科学技术蓬勃发展，技术进步已经成为 21 世纪各国经济发展的核心动力。新古典增长理论认为，外生的技术进步是推动各国经济增

长的重要力量，而新增长理论则把技术进步内生化，突出研发资本投入、人力资本积累和"干中学"等因素对技术进步的作用。企业通过研发投入可以增强对现有知识存量的引进、消化和吸收，提高企业的技术创新能力，从而引致新发明、新发现的增加。然而，早期的内生技术进步模型是在封闭条件下考察研发资本投入如何促进长期技术进步的。直到20世纪80年代后期，新贸易理论才将技术进步纳入开放经济分析框架，研究进口贸易对技术进步的促进作用。例如，格罗斯曼和赫尔普曼（Grossman and Helpman，1991）认为，在开放经济条件下，技术进步通过中间产品贸易产生扩散，而研发资本存量则物化在先进国家的中间品生产过程中。中间品种类的增加可以提高最终品生产率，进口国可以在不支付额外研发费用的前提下使用这些中间品。同时，进口国使用技术含量较高的中间品，可以对其消化、吸收、模仿甚至再创新，生产相似的替代品，提升技术水平。就实证检验而言，科和赫尔普曼（Coe and Helpman，1995）构建了CH模型，依此考察国外研发资本通过进口贸易对本国全要素生产率（TFP）的影响。紧接着，众多学者从不同层面对CH模型进行拓展。例如，调整研发溢出权重（Coe，Helpman and Hoffmaister，1997；Lichtenberg and Pottelsberghe，1998；Keller，2002）、增加贸易距离（Eaton and Kortum，1996）、开放度（Edwards，1998）、跨国公司（Maden，2007）等解释变量。此外，还有学者区分了发达国家和非发达国家、资本品和非资本品进口的研发溢出效应（Lee，1995；Xu and Wang，1999；Dulleck，2007）。

自从科和赫尔普曼（1995）创建CH模型，明确国外研发资本可以借助进口贸易对伙伴国全要素生产率产生溢出效应的关系以来，后续研究都是在此基础上进行了拓展。然而，很多学者要么把进口品区分为中间品和最终品，要么把包括初级资源、半成品等都看作中间品，要么把零部件和机器设备均做资本品来研究进口品对全要素生产率的影响。很少有学者从进口贸易的商品结构即从技术含量比较高的零部件中间品和成套机器设备等资本品进口的角度来研究进口对伙伴国全要素生产率的研发溢出效应。为此，本书将根据BEC分类法把进口品分为中间品、资本品和消费品，在修正进口贸易研发溢出模型的基础上重点检验中国从七国集团国家、韩国和新加坡进口中间品、资本品获得的研发溢出效应，并考察国内研发资本和FDI等控制变量对中国全要素生产率的影响。

二 模型设定和变量选取

(一) 中间品和资本品的划分

联合国 BEC 分类法（广义分类法）根据商品的最终用途，把国际贸易结构分成中间品、资本品和消费品三部分，这三部分分别和 SNA（国民经济核算体系）相对应。按照这种分类方法，BEC 分类法中的代码 41 代表资本货物（运输设备除外）和 521 代表运输设备、工业。这两项都可以看作是资本品。BEC 分类法中 111、121、21、22、31、32、42、53 八项代表中间品。在企业生产过程中，中间品大致可以分为四类：一类是初级中间品，一般包括 111（食品和饮料，初级，主要用于工业）、21（未另外分类的工业用品，初级）和 31（燃料和润滑剂，初级）等类产品；第二类是半成品，主要包括 121（食品和饮料，加工，主要用于工业），22（未另外分类的工业用品，加工）和 32（燃料和润滑剂，加工）；第三类包括代码为 42 的资本货物零配件（运输设备零配件除外）和 53 类运输设备零配件；第四类是为生产过程中所需要的服务类中间产品。本书认为，代码为 42 的资本货物零配件（运输设备零配件除外）和代码为 53 的运输设备零配件技术含量较高，可以看作中间品。因此本书中间品主要是 BEC 分类法中的 42 和 53 两项和，资本品主要是 BEC 分类法中的 41 和 521 两项和。中间品和资本品数据来源为 UN COMTRADE 数据库。

(二) 模型基本框架

技术进步被新古典增长理论代表人物索洛解释为经济增长中不能被劳动、资本等要素解释的部分，即索洛剩余。新贸易理论认为，技术进步不仅依赖国内研发投入，国外研发投入也通过进口贸易产生技术溢出传递到国内。科和赫尔普曼（1995）选用实证模型（CH 模型）考察国外研发资本通过进口贸易对本国 TFP 的影响。Lichtenberg 和 Pottelsberghe（1998）认为，在 CH 模型中存在国外研发资本进口权重的计算方法存在偏误，也就是假设两个国家合并后技术溢出总量远远大于没有合并时两国分别技术溢出之和，并强调促进贸易伙伴国技术进步的不是研发资本的绝对量，而是物化在进口产品中的研发投入，并对国外的进口加权进行了改进。因此，Lichtenberg 和 Potterie 提出了自己的计量模型（LP 模型），其表达式为：

$$\ln TFP_{it} = \alpha_{it} + \beta_{it}^{d} \ln S_{it}^{d} + \beta_{it}^{f} \ln S_{it}^{f} + \varepsilon_{it} \qquad (5-1)$$

其中，$S_{it}^f = \sum\limits_{j \neq i} \dfrac{S_{jt}^d}{Y_{jt}} M_{ijt}$，$S_{it}^f$ 表示 i 国在 t 时期通过进口国外商品获得的研发溢出，Y_{jt} 表示 j 国在 t 时期的国内生产总值，M_{ijt} 表示 i 国 t 期从 j 国的进口总额，S_{jt}^d 表示 j 国 t 时期的研发资本存量。LP 模型和 CH 模型的主要区别为 LP 模型没有用本国从各个国家的进口额作为研发资本存量溢出权重的分母，而是用出口国总产出作为出口国研发资本存量溢出权重的分母。

本章认为，进口商品中的初级产品、半成品、零配件中间品和资本品的技术含量不同，一国通过进口贸易获得的其他国家研发溢出也是不同的。但是进口的初级产品和半成品技术含量相对不高，物化在零配件和资本品中的技术含量相对较高。同时，发展中国家通过引进外国直接投资也会获得跨国公司的先进管理理念和经验并提高技术水平，从而获得一定的技术溢出。生产性服务也是重要的中间投入，生产性服务进口对一个国家技术水平提升也有重要影响，因此本节对 LP 模型稍加改进，分别考察中间品、资本品通过进口贸易获得的外国研发溢出以及控制变量国内研发资本、FDI 以及生产性服务进口等对全要素生产率的影响。因此，改进后的进口研发溢出模型为：

$$\ln FTP_t = \alpha + \beta_1 \ln S_t^d + \beta_2 \ln S_{jt}^{f-interm} + \beta_3 \ln S_{jt}^{f-cap} + \beta_4 \ln FDI_t + \beta_5 \ln PS_t + \varepsilon_{jt}$$

$$(5-2)$$

其中，FTP_t 表示 t 年中国全要素生产率，即 t 年中国的技术水平；S_t^d 表示 t 年中国研发资本存量；FDI_t 表示历年中国获得的外国直接投资额，数据来源于中经网数据库；PS_t 表示历年中国从国外进口的生产性服务数值，数据来源于中国商务部网站。α 为常数项，β_1 衡量了国内研发资本存量对全要素生产率的弹性，β_2 表示国外研发资本通过中间品进口溢出对中国全要素生产率的弹性，β_3 表示国外研发资本通过资本品进口溢出对中国全要素生产率的弹性，β_4 表示 FDI 对中国全要素生产率的弹性，β_5 表示生产性服务进口对中国全要素生产率的弹性，ε_{jt} 为随机误差项；Cap_{jt} 表示 t 年中国从 j 国进口的资本品数额。

$$S_{jt}^{f-interm} = \frac{S_{jt}^d}{Y_{jt}} interm_{jt}, \quad S_{jt}^{f-cap} = \frac{S_{jt}^d}{Y_{jt}} Cap_{jt} \qquad (5-3)$$

其中，$S_{jt}^{f-interm}$ 表示中国 t 年进口 j 国中间品获得的研发溢出；S_{jt}^{f-cap} 表示中国 t 年进口 j 国资本品获得的研发溢出总和；$interm_{jt}$ 表示 t 年中国从 j

国进口的中间品数额，可以用 t 年 j 国出口到中国的中间品数额表示；S_{jt}^d 表示 j 国 t 年研发资本存量；Y_{jt} 表示 j 国 t 年国内生产总值。

（三）模型数据来源及计算

全要素生产率估算方法很多，每种估算方法也都有各自优点和缺点，郭庆旺和贾俊雪（2005）比较详细地介绍和比较了典型的四种全要素生产率的计算方法。其中，用索洛残差法计算全要素生产率方法简单、直观并且实用性很强。索洛残差法是索洛在 1957 年提出采用的柯布—道格拉斯生产函数，产出增长率在扣除劳动增长率和资本增长率后的残差来计算全要素增长率的方法。假定规模报酬不变和希克斯技术中性，全要素生产率可以近似看作技术进步率。

估算全要素生产率一般用只含有劳动、资本两要素的 C—D 生产函数：

$$Y_t = A_t K_t^\alpha L_t^\beta$$

其中，A_t 表示 t 年的全要素生产率即 TFP，Y_t 表示 t 年的产出水平，K_t 为 t 年的资本存量，L_t 为 t 年的劳动存量，α 为资本产出弹性，β 为劳动产出弹性。

对 C—D 生产函数两边取对数后可得：

$$\ln A_t = \ln Y_t - a\ln L_t - \beta \ln K_t \tag{5-4}$$

在规模收益不变 $\alpha + \beta = 1$ 的约束条件下，对方程两边同除以 L_t，然后两边同时取对数：

$$\ln(Y_t/L_t) = \ln A + \alpha \ln(K_t/L_t) + \varepsilon_t \tag{5-5}$$

本书截取我国经济 1978—2010 年的国内生产总值、资本存量和劳动力数的统计数据。Y_t 和 L_t 取中国 1978—2010 年的 GDP 和各年底就业人数，其中，Y_t 按 1998 年不变价格进行平减，平减指数为历年国内生产总值可变价指数。

我国资本存量的计算按照惯例采用戈德史密斯（Goldsmith）1951 年的永续盘存法进行计算，即当年的资本存量应为上一年折旧后的资本存量和当年新增固定资本存量两部分和：

$$K_t = (1 - \delta_t) K_{t-1} + I_t/P_t$$

其中，K_t 为当年资本存量，δ_t 假定为 5%，K_{t-1} 为上年资本存量，I_t 为当年新增固定资本存量。P_t 的 1991 年以后的值用固定资产投资价格指数表示，1991 年前的价格用原材料出厂价格指数表示。本书采用 1978 年资本存量作为初始资本存量，初始资本存量的计算可以采用公式：

$$K_{1978} = I_{1978} / (\delta + g)$$

其中，K_{1978} 为 1978 年资本存量，I_{1978} 为 1978 年固定资本形成额，δ 为折旧率假定为 5%，g 为 1978—2010 年中国固定资本形成增长率。

通过对 1978—2010 年时间序列 Y_t / L_t 和 K_t / L_t 用 Eviews 6.0 对式（5 – 5）进行取对数回归后，得到 α 值为 0.49，因此可以取 $\alpha = 0.5$，$\beta = 0.5$。把 α 和 β 的值代入式（5 – 4）即可得全要素生产率对数值。

我国 t 年的研发资本存量 S_t^d 也可以用永续盘存法来计算，也就是用上一年折旧后的研发资本存量和当年新增研发资本投资之和：$S_t^d = (1 - \delta)S_{t-1}^d + R_t^d$。其中，$S_t^d$ 表示 t 年中国研发资本存量，δ 为研发资本存量折旧率，假定为 5%，S_{t-1}^d 为上一年中国研发资本存量，R_t^d 为中国当年研发投入增量数据，可以用中经网数据库得到。初始研发资本存量可以以 1998 年作为初始年，利用公式：$S_{1998} = R_{1998} / (\delta + g)$。其中，$S_{1998}$ 为中国 1998 年初始研发资本存量，R_{1998} 为中国研发资本投入数据，折旧率 δ 假定为 5%。1998—2010 年中国研发资本年平均增加率为 23.56%，可以计算出 1998 年中国研发资本存量为 1929.62 亿元。

经济合作与发展组织统计数据和联合国教科文组织资料显示，全世界研发支出绝大部分来源于经济合作与发展组织国家，其中，七国集团国家被认为研发投入最多。对于国外研发资本，本书选取七国集团国家美国、日本、英国、法国、德国、意大利、加拿大以及亚洲发达国家代表韩国和新加坡 9 个国家作为样本。以这 9 个国家 1998—2010 年对中国中间品、资本品出口，并由研发资本存量经加权处理后的总额 $S_t^{f-interm}$ 和 S_t^{f-cap} 作为自变量来考察国外研发资本通过中间品、资本品出口对中国全要素生产率的影响。

对国外 j 国 t 时期研发资本存量 S_{jt}^d 的处理可以按照公式：$S_{jt}^d = (1 - \delta)S_{j(t-1)}^d + R_{jt}^d$。其中，$\delta$ 为 j 国研发资本存量折旧率，$S_{j(t-1)}^d$ 为 j 国上一年的研发资本存量，R_{jt}^d 为 j 国当年的研发资本投入。1998—2010 年经济合作与发展组织各国研发数据可以从（OECD, Main Science and Technology Indicators Database）获得，历年的研发数据是按照 PPP 购买量平价来计算。其中，对于日本和美国的研发数据在此数据库中统计到 2009 年，因此可以根据历年研发投入数据的平均增长率推算出 2010 年的研发投入数据。对于 j 国的初始研发资本存量用 1998 年的研发资本存量作为初始研发资本存量，初始研发资本存量的计算可以用公式：S_{j1998}^d

$= R_{j1998}^d / (\delta + g)$。其中，$S_{j1998}^d$ 表示 j 国 1998 年的研发资本存量，R_{j1998}^d 表示 j 国 1998 年的研发资本投入，折旧率 δ 同样假定为 5%，g 表示 1998—2010 年 j 国研发投入的增长率。

国外 j 国 t 年 GDP 总量 Y_{jt} 数据可以从国际货币基金组织数据库中获得，此数据是用 PPP 购买力平价方法表示的。中国从国外进口中间品、资本品数据可以从 j 国 t 年向中国的出口数据来代替中国从 j 国的进口数据，可以从联合国 COMTRADE 数据库获得。其中，中间品、资本品的分类方法可以用联合国广义分类法（BEC），联合国根据贸易商品的最终用途，把贸易数据分为中间品、资本品和消费品。本章考虑的中间品主要是技术含量相对比较高的机器设备和运输设备零部件，而没有考虑半成品和初级中间品投入。因此，中间品计算主要是对 BEC 分类法中中国从 j 国进口的 42 类商品资本品零部件和 53 类商品运输设备零部件的加总。资本品的计算是对 BEC 分类法中中国从 j 国进口的 41 类商品资本货物（运输设备除外）和 521 类商品（运输设备，工业）的加总。生产性服务主要包括运输服务、通信服务、建筑服务、保险服务、金融服务、计算机和信息服务、专用权利使用费和特许费服务、咨询服务、广告和宣传服务、其他商业服务等。数据来源为中国商务部网站。

三 模型结果分析

本章首先对中国全要素生产率数据、中国 1998—2010 年从 9 个代表性国家进口中间品、资本品得到的研发资本溢出数据、中国研发资本投入、外国直接投资数据以及生产性服务进口数据进行处理分析。为了提高本章分析的可靠性，我们采用中国劳动生产率数据作为另一项技术进步的度量指标进行稳健性分析。在此基础上，运用 State 软件进行计量分析，可以得到表 5 - 1。

表 5 - 1　中国进口零部件、机器设备获得国外研发溢出的计量结果分析

解释变量	被解释变量			
	$\ln tfp_t$		$\ln y_t$	
	固定效应	随机效应	固定效应	随机效应
$\ln interm_{it}$	0.0169 **	0.00286	0.0626 **	0.0105
	(2.36)	(1.1)	(2.79)	(1.28)
$\ln cap_{it}$	-0.0147 ***	-0.00284	-0.0540 ***	-0.0104
	(-2.47)	(-1.11)	(-2.90)	(-1.29)

	被解释变量			
$\ln rd_t$	-0.2727 ***	-0.2735	-0.0602	-0.0629
	(-10.36)	(-10.92)	(-0.76)	(-0.8)
$\ln fdi_t$	0.1512 ***	0.1475 ***	0.6101 ***	0.5964 ***
	(10.19)	(10.14)	(13.16)	(12.99)
$\ln psim_t$	0.1980 ***	0.2020 ***	0.4964 ***	0.5110 ***
	(11.89)	(12.35)	(9.54)	(9.91)
α	-0.2479 **	-0.2268 **	2.6612 ***	2.7420 ***
	(-2.13)	(-2.01)	(7.30)	(7.71)
R^2	0.9516	0.9632	0.9893	0.9927
Hausman 检验	Y	N	Y	N
观测值	117	117	117	117

注1：＊＊＊表示在1%水平上显著，＊＊表示在5%水平上显著，＊表示在10%水平上显著。

注2：interm 代表进口中间品获得的研发溢出，cap 代表进口资本品获得的研发溢出，rd 代表中国研发投入，fdi 代表外商直接投资，psim 代表生产性服务进口。

（一）中国国内研发资本对提高全要素生产率有抑制作用

与预期相反，中国国内研发资本投入每增加1个百分点，将会导致全要素生产率降低0.15个百分点，说明国内研发资本投入对全要素生产率有负面影响。不过这个结论与李小平、朱钟棣（2006）和张海洋（2005）以及谢建国、周露昭（2009），肖文、林高榜（2011）和刘洪钟、齐震（2012）的研究结果一致。我国研发投入对技术进步没有显著影响，李小平、朱钟棣（2006）解释为我国国有企业由于市场体制不完善存在预算软约束，并且我国研发投入结构不合理，使用没有效率。谢建国、周露昭（2009）补充解释为国家的研发资金集中投入到风险极高、资本密度大的展示国家实力的前沿技术领域如航大技术等，后果是对技术发展产生扭曲性影响，并且这种前沿技术的扩散效应和前后关联效应不明显。另外，虽然近几年国家大量增加科技研发投入，但是研发投入更多集中于高等学校和科研院所，并且我国80%的研发人员集中在高校和科研院所（陈爱贞、陈明森，2009），占经济比重相当大的中小企业研发投入不足甚至没有。另外，大量学者通过各种方式骗取国家科研经费，部分单位把申请科研经费的多少作为晋升依据，研发成果更多流于形式，并且学术成果和科技发明之间转化率很低。

（二）中国通过进口中间品得到的国外研发溢出对中国全要素生产率有明显促进作用

通过中间品进口获得的国外研发资本每增长 1 个百分点，会导致我国全要素生产率增长 0.022 个百分点。本书的中间品主要指机器设备和运输设备零配件，从国外进口的零配件技术含量较高，例如中国的计算机芯片以及汽车发动机等基本都依赖进口。中国进口高技术的零配件主要用于再生产机器设备和运输设备等资本品，在加工过程中，需要了解零配件的性能、用途等，从而可以对嵌套在中间品中的技术进行剖析。进口零部件中间品在后续加工过程中具有一定的产业关联效应，加强了国内外企业之间的技术联系。同时，国外企业对中间品的出口提供一定售后服务，在与国外企业的交流过程中会产生一定的技术溢出。因此在使用零配件的过程中由于竞争效应、示范效应、模仿效应以及关联效应带动了国内全要素生产率的提高。

（三）中国通过进口资本品得到的国外研发溢出对中国全要素生产率不但没有明显的促进作用，反而有一定程度的负向作用

通过进口资本品得到的外国研发溢出每增加 1 个百分点，会导致本土全要素生产率降低 0.026 个百分点。由于进口资本品主要包括成套机器设备和运输设备，主要用于投资需求。成套机器设备和运输设备不需要再加工生产成最终品，而是转化为资本存量。生产工人不需要了解物化在资本品中的技术就可以操作使用这些资本品。比如，中国东南沿海地区引进生产线等机器设备，只需要工人进行简单操作就可以生产出大量消费品。进口大量的机器设备更多的是提高了生产效率，用机器代替了人力劳动。成套的机器设备一般是由外商投资企业引进，这些外商投资企业大多采用"两头在外"的经营管理模式，国内企业能从中获得的技术溢出较少。虽然中国从国外进口的资本品技术含量比较高，但是这种技术含量逐渐复杂化，不容易模仿。另外，发达国家非常重视对知识产权的保护，对高新技术设备有更强的知识产权保护意识。同时大量进口机器设备会挤压中国本土机器设备厂商的市场份额和生存空间，对中国本土装备制造业会有一定挤出效应（陈爱贞、刘志彪，2008）。此外，大规模机器设备的进口严重削弱了我国的装备制造业，从而使我国装备制造业东北老工业基地经济衰弱严重（刘志彪，2010）。从以上几个方面可以看出，进口机器设备对中国全要素生产率有一定负面影响。

（四）FDI 对我国全要素生产率有显著的正向影响

和预期一致，改革开放后中国大量引进外资，外国资本的进入对中国技术进步有显著正向影响。FDI 每增加 1 个百分点，我国全要素生产率增加 0.042 个百分点。这个结果与江小涓和李蕊（2002）、沈坤荣和耿强（2001）、姚利民和王若君（2011）的研究结果一致。FDI 一般通过跨国公司来完成，外商投资企业使用跨国母公司相对先进的甚至能填补国内空白的技术，跨国公司还为中国的人力资源开发做出了巨大贡献（江小涓、李蕊，2002）。沈坤荣（1999，2001）通过横截面相关分析，也得出外国直接投资与国内生产总值占比每增加 1 个单位可以增加全要素生产率0.37 个单位的结论。外国直接投资不仅可以缓解我国经济发展中的资本短缺问题，还可以通过技术外溢，促进我国本土管理水平和效率的提升，最终提高了全要素生产率。

四　结论

本节在修正进口贸易研发溢出模型基础上，考察了零部件中间品、机器设备资本品进口获得的研究溢出和控制变量以及外国直接投资等对中国本土企业技术进步的影响。通过对计量经济模型进行检验分析，可以得出以下结论：

（1）我国国内研发资本投入对技术进步有一定抑制作用，主要原因在于研发投入不足和研发投入结构不合理以及体制弊端。政府应该在增加研发经费投入基础上优化国内研发投入结构和效率，提高研发成果和专利发明的转化率。

（2）进口中间品获得的国外研发资本存量溢出对我国技术进步影响最大，中间品进口的竞争效应、示范效应和产业关联效应促进我国企业的技术进步。但是由于像汽车发动机、电脑芯片等零部件的关键技术仍掌握在发达国家手里，应引导国内企业加强零部件产品的自主创新能力建设。

（3）进口资本品获得的研发溢出对中国本土全要素生产率有一定负面影响。原因可能是虽然进口资本品本身技术含量比较高，但是，生产工人不需要了解物化在资本品中的技术就可以操作使用这些资本品。中国"两头在外"的加工贸易模式和国外强烈的知识产权保护意识也抑制了技术的溢出。但是，进口机器设备可以弥补国内设备资金不足，增加国内资本积累，加速陈旧设备更新。政府应该制定加速资本折旧、进口资本品减免税收等政策，引导企业进口国外先进的机器设备，进而促进经济快速增长。

（4）外国资本的进入对中国技术进步有显著的正向影响。外国直接投资弥补了国内建设资金不足，带动了中国的就业，带来先进的技术和管理经验。但是需要注意的是，作为跨国公司转移到中国的一般是产品生命周期末端技术。中国应该在扩大内需的同时主动吸引服务业的外国直接投资，同时培育中国本土的跨国企业，构建中国国内价值链。

第二节　生产性服务、机器设备进口与技术进步

上文在修正进口贸易研发溢出模型的基础上考察了工业化国家研发资本通过嵌入零部件和成套机器设备，并出口到中国从而促进中国的技术进步，但是，没有考虑中国进口的生产性服务对技术进步的影响。本节将在上文研究基础上，重点考察核心解释变量生产性服务进口对中国技术进步的作用，同时运用中国从 16 个经济合作与发展组织国家 1998—2010 年进口零部件和成套机器设备的面板数据考察中间品进口对中国技术进步的影响。

关于生产性服务进口的研究。张如庆（2012）认为，生产性服务进口提升了制造业的效率，并与制造业制成品出口存在长期协整关系。王诏怡（2013）发现，生产性服务进口比生产性服务 FDI 更能促进中国资本技术密集型制造业效率的提升，但是，通信服务进口抑制了中国资本技术密集型制造业效率的提升。其他学者主要从逆向外包或反向服务外包视角考察国外高级服务要素对中国制造业价值链升级的影响。例如，梦雪（2011）认为，反向服务外包抑制了中国生产率，但是抑制程度在逐渐降低，反向服务外包的规模扩大将会促进生产率的提升；陈启斐和刘志彪（2013）计算了中国制造业反向服务外包系数，并认为中国反向服务外包显著提升了中国制造业的出口技术复杂度。

关于对机器设备进口的研究。格罗斯曼和赫尔普曼（1991）首次用理论模型分析中间产品贸易会产生技术溢出。洛伦斯等（1999）认为，1964—1973 年，日本的进口低税率和高进口量对日本经济有显著的正向影响，日本经济高速发展主要靠进口中间品而不是出口。Kaahara（2008）用智利制造业企业面板数据发现，进口国外中间品的企业比非进口国外中

间品企业显著提高了企业的生产率。Xu 和 Wang（1999）把进口商品区分为资本品和非资本品，检验了 OECD 国家资本品进口对该国全要素生产率的影响。Dulleck（2007）检验了 55 个发展中国家机器设备进口和经济增长之间的关系。这些学者都是从研发溢出视角研究发达国家研发资本通过中间品进口对伙伴国全要素生产率的影响，但是，这些研究要么把技术含量并不高的初级要素资源和半成品也看作中间品，要么把零部件和成套机器设备都看作中间品，并没有分别考虑中间品内部零部件和成套机器设备进口对技术进步的影响，更没有考虑生产性服务进口对技术进步的影响。本书将把生产性服务、零部件以及成套机器设备都看作中间投入品，并运用 1998—2010 年 16 个国家零部件和成套机器设备进口面板数据来进行计量分析。

一　理论分析

长期以来，发达国家把服务外包给印度、中国等欠发达国家进行生产，然后再从欠发达国家进口服务。发达国家外包服务的主要目的是降低生产成本，并能使企业经营"归核化"。但是，欠发达国家也可以把部分生产性服务外包给发达国家，然后再从发达国家进口生产性服务，即反向服务外包。在生产性服务进口过程中，欠发达国家处于主导地位，可以探索性获得国外知识溢出，并且这种知识溢出的效果更强。通过生产性服务进口，也可以获得发达国家拥有的专业性生产运营知识，使欠发达国家引进的技术从"静态"转为"动态"，提升欠发达国家的技术能力（刘丹鹭，2011）。

零部件进口促进技术进步可以从以下几个方面表现出来：首先，进口零部件，特别是电子、机械等行业的精密零部件是制造业尖端产品，核心技术基本由发达国家所拥有，一般技术含量比较高。零部件技术含量比较高，加工成成品后技术含量也会比较高。其次，国内生产企业可以对进口的零部件进行研究、剖析并在模仿、吸收的基础上适当进行工艺改进和创新，因此高技术零部件的进口往往成为本国技术进步的催化剂。本国企业在进口零部件的同时，发达国家也往往提供一定技术指导和培训，从而间接带动本国技术水平的提高（张会清、唐海燕，2011）。日本就是一个典型的从进口零部件中获得技术提升的国家，从汽车、录像机、计算机复印机等数十项科技进步中，都是通过进口关键零部件、料件和信息资料等，并进行模仿和改进从而很快掌握了这些技术。

进口成套机器设备可以把国外相对技术含量比较高的机器设备引进到

国内，可以促使国内技术装备的总体水平提高，并促进资本积累和效率的提升，进而推动国家经济增长。成套机器设备的使用是一种"迂回"的经济增长方式，在亚当·斯密的古典经济理论中，"迂回"生产是专业化分工和经济增长的前提条件。佟家栋（1995）通过计量分析，发现机械及运输设备进口对我国国民生产总值贡献最大，机械运输设备进口每增加1个百分点，国民生产总值将增加 0.17 个百分点。伍青生等（2001）通过对韩国经济增长因素分析得出韩国经济增长主要靠资本积累，资本积累构成中 28% 为国外资本品的直接进口，因而通过成套机器设备的进口可以作为资本投入，进而形成固定资产投资，并促进经济的增长。国外成套机器设备的引进还有利于我国产业结构的调整和升级，有利于提升企业生产中的科技含量，并提高单位时间生产产品的质量和数量，从而使国内企业生产具有规模效应。另外，改革开放以来，中国大量引进外商直接投资FDI，外商投资已经在我国工业经济中占据了重要位置。FDI 集资本存量、知识与技术于一体，不仅可以缓解我国经济发展中的资本短缺和就业压力，还可以提升我国技术水平和管理效率，提高我国全要素生产率。因此零部件进口、成套机器设备进口和 FDI 等都会促进中国的技术进步。

二　模型设定和变量选取

本节分别用全要素生产率、劳动生产率代表技术进步，利用 1998—2010 年中国从七国集团国家美国、日本、英国、法国、德国、意大利、加拿大以及韩国、新加坡、澳大利亚、奥地利、捷克、丹麦、芬兰、新西兰等 16 个国家进口的零部件、成套机器设备和获得的外国直接投资数据进行面板计量分析，根据上文理论分析，本部分建立计量方程如下：

$$\ln tec_t = \alpha + \beta \ln psim_t + \delta \ln rd_t + \theta \ln interm_{it} + \delta \ln cap_{it} + \gamma \ln fdi_t + \varepsilon_{it} \quad (5-6)$$

其中，$\ln tec_t$ 为被解释变量，代表 t 年技术水平对数值，分别用全要素生产率，劳动生产率来代表。其中，劳动生产率用人均国内生产总值 y_t 来表示，数据来源均为中经网数据库。另外，全要素生产率的计算结果和式（5-1）部分相同；$\ln psim_t$ 为核心解释变量，其表示 t 年中国进口的各类生产性服务和的对数值，其中，生产性服务主要包括运输服务、通信服务、建筑服务、保险服务、金融服务、计算机和信息服务、专用权利使用费和特许费服务、咨询服务、广告和宣传服务、其他商业服务等。数据来源为中国商务部网站；$\ln rd_t$ 表示 t 年中国全社会研发资本数据，处理方法和式 5-1 部分相同；$\ln einterm_{it}$ 表示 t 年中国从 i 国进口的零部件对数值，零部件主要指 BEC 分类法中代码为 42 的资本货物零配件（运输设备零配件除外）和代码为 53 的运输设备零配件；$\ln cap_{it}$ 代表 t 年中国从 i 国进口的成套机器设备对数值，成套机器设备主要包括 BEC 分类法中的代码为 41 的资本货物（运输设备除外）和代码为 521 的运输设备。数据来源于 UN COMTRADE 数据库，为了保证数据的可获得性，本节选取 1998—2010 年 16 个国家的进口数据[①]；fdi_t 表示 t 年中国获得的外国直接投资额，数据来源为中经网数据库。

三　模型结果分析

分别以全要素生产率、劳动生产率的对数值为被解释变量，以生产性服务进口对数值为核心解释变量、中国 1998—2010 年从 16 个国家进口的零部件和成套机器设备的对数值、外国直接投资的对数值以及中国研发资本存量对数值为控制变量进行面板计量分析，结果如表 5 – 2 所示。

表 5 – 2　　生产性服务、机器设备进口对技术进步影响的计量结果

解释变量	$\ln tfp_t$			y_t		
	模型（1）	模型（2）	模型（3）	模型（4）	模型（5）	模型（6）
	固定效应	随机效应	两阶段 GMM	固定效应	随机效应	两阶段 GMM
α	− 1. 269 **	− 1. 336 **	− 0. 564	2. 775 ***	2. 538 ***	− 0. 264
	（− 17. 07）	（− 29. 5）	（− 15. 33）	（13. 92）	（20. 82）	（− 1. 3）
$\ln psim_t$	0. 195 ***	0. 196 ***	0. 132 ***	0. 393 ***	0. 396 ***	0. 244 ***
	（11. 82）	（12. 09）	（41. 4）	（8. 92）	（9. 07）	（19. 39）
$\ln interm_{it}$	0. 012 **	0. 005 **	0. 027 ***	0. 032 **	0. 014	0. 105 **
	（2. 96）	（2. 51）	（10. 2）	（2. 9）	（2. 6）	（10. 49）
$\ln cap_{it}$	− 0. 017 ***	− 0. 006 **	− 0. 015 ***	− 0. 049 ***	− 0. 017	− 0. 039 ***
	（− 2. 67）	（− 2. 58）	（− 7. 19）	（− 4. 55）	（− 2. 69）	（− 5. 95）
$\ln fdi_t$	0. 157 ***	0. 158 ***	0. 009	0. 578 ***	0. 582 ***	0. 26 ***
	（12. 24）	（12. 55）	（3. 77）	（16. 78）	（17. 16）	（15. 73）
$\ln rd_t$	− 0. 13 ***	− 0. 13	− 0. 078 ***	0. 08	0. 067 **	− 0. 102
	（− 9. 75）	（− 10. 28）	（− 20. 19）	（2. 32）	（1. 97）	（− 5. 89）
$L.\ln tfp_t$			0. 606 ***			0. 638 ***
			（78. 46）			（68. 54）

[①]　本章选取这 16 个国家的原因主要是这些国家大多数都属于 OECD 国家，并且技术相对比较先进。另外，在选取数据的时候，这些国家都有比较完整的零部件和机器设备进口数据。

续表

解释变量	ln tfp_t			y_t		
	模型（1）	模型（2）	模型（3）	模型（4）	模型（5）	模型（6）
	固定效应	随机效应	两阶段 GMM	固定效应	随机效应	两阶段 GMM
R^2	0.954	0.951		0.9901	0.9929	
Hausman 检验	11.8(0.04)			13.6(0.02)		
Sargan（P 值）			0.605			0.7404
AR（2）			0.347			0.386
观测值	208	208	192	208	208	192

注：括号内为 t 检验值，*** 、** 、* 分别表示回归系数在 1%、5% 和 10% 水平上显著不为零。

表 5 - 2 首先分别报告了固定效应与随机效应计量结果，而固定效应要求解释变量都为外生，但是，由于本书解释变量可能存在内生性，因此本书使用两阶段 GMM 方法进行处理，同时也可以消除部分偏误的影响。方程（5-3）和方程（5-6）分别给出两阶段系统 GMM 的估计结果，通过二阶序列相关检验和 Sargan 检验发现，模型不存在二阶序列相关性，模型工具变量的设定也具有有效性，我们主要对模型（5-3）和模型（5-6）进行分析。

第一，生产性服务进口每提高 1 个百分点，全要素生产率和劳动生产率将分别提高 0.132 个和 0.244 个百分点。由于发达国家生产性服务具有高质量的知识资本和人力资本，而通过生产性服务进口，中国企业可以主动利用国外技术资源，分享国外生产性服务企业的运营管理知识，获得高层次技术溢出。

第二，零部件进口都能在 95% 显著水平上提升全要素生产率，劳动生产率。零部件进口每提高 1%，全要素生产率、劳动生产率分别提高 0.027 个和 0.105 个百分点。模型结果和理论预期相符，在使用零配件的过程中由于竞争效应、示范效应、模仿效应以及关联效应促进了技术进步。

第三，成套机器设备进口在 95% 显著水平上降低了全要素生产率和劳动生产率，成套机器设备进口每提高 1%，全要素生产率和劳动生产率分别降低 0.015 个和 0.039 个百分点。原因可能是大量进口机器设备会挤压中国本土机器设备厂商的市场份额和生存空间，对中国本土装备制造业有一定挤出效应。大规模机器设备的进口严重削弱了我国装备制造业，从而使我国装备制造业东北老工业基地经济衰弱严重。进口的成套机器设备作为固定资产投资转化为资本存量，操作工人不需要了解机器设备原理即能操作使用，就像人们可以不了解计算机的工作原理但是大家都会操作计算机一样，因此成套机器设备的技术溢出效应并不显著。虽然改革开放后跨国公司在中国建立了大量合资企业，但是关键技术仍然掌握在跨国公司手中，中国企业仅仅获得二三流技术。同时，由于技术标准和知识产权紧密结合，跨国公司通过掌握技术标准制定权而限制了成套机器设备的技术溢出。虽然进口成套机器设备会有一定的技术溢出，但跨国公司技术能力提高更快，将使中外企业的技术差距扩大。

第四，外国直接投资也分别提升了全要素生产率和劳动生产率，但对全要素生产率的影响不显著。外国直接投资每提高 1 个百分点，全要素生产率和劳动生产率分别提高 0.009 个和 0.26 个百分点。模型结果和理论预期相符，FDI 一般通过跨国公司来完成，通过外商直接投资，企业使用了跨国母公司相对先进的甚至能填补国内空白的技术，跨国公司还为中国的人力资源开发做出了巨大贡献。

四　结论

通过上文分析可以得出以下结论：

（1）生产性服务进口显著提升了中国技术能力。欠发达国家根据自己的比较优势把生产性服务外包给发达国家生产，然后再从这些国家进口生产性服务，从而在进口过程中能保持主动性优势，并能获得更高质量的技术溢出。

（2）零部件进口显著促进了技术进步，国内企业可以对零部件进行研究、剖析并在消化、吸收基础上适当进行工艺改进和创新，因此高技术零部件的进口往往成为本国技术进步的催化剂。

（3）成套机器设备进口对中国技术进步有显著的负向影响，原因可能是虽然从国外进口的机器设备本身技术含量较高，但进口到国内主要用于投资需求转化为固定资本，劳动力不需要了解其中技术而只需会操作。另外，进口的机器设备对中国本土装备制造业产生了一定挤压，抑制了本土装备制造业发展。

（4）中国改革开放以来大量引进外资，外国直接投资对中国技术进步有显著正向影响。外国直接投资弥补了中国建设资金的不足，带来了先进的技术和管理经验。

第三节　生产性服务嵌入与装备制造业效率提升

生产性服务（Producer Services）以制造业为母体，随着分工和专业化的发展而逐步从制造业中分离（刘志彪，2006），独立出来的生产性服务又作为中间品投入制造业尤其是装备制造业中。与此同时，生产性服务中比较密集的知识资本和技术资本逐渐融入制造业尤其是装备制造业中。因此，装备制造业中的生产性服务投入是生产性服务业与装备制造业融合的重要形式。

但是，由于中国计划经济体制下"大而全"、"小而全"经营模式的延续，研发、设计、物流、营销等价值链环节仍内置于制造业尤其是装备制造业内部。由于生产性服务与制造业没有充分分离，导致中国装备制造业效率低下并且生产性服务发展不足。根据《中国统计年鉴》统计，2010年，中国服务业增加值占GDP比重只有43.2%，生产性服务业占服务业的比重也只有56.5%，远低于发达国家两个比重都超过70%的平均水平。因此，从总体上看，中国生产性服务业发展是滞后的，但是，滞后的生产性服务业是否也促进了装备制造效率提升呢？本书将从生产性服务投入的角度来研究生产性服务业与装备制造业融合问题。

关于生产性服务业通过与制造业融合并促进制造业升级的研究，江静、刘志彪、于明超（2007）用1998—2004年中国各省份和1993—2003年中国各细分行业数据验证了生产性服务业可以促进资本密集型制造业和技术密集型制造业的效率提升，但是，不能促进劳动密集型制造业的效率提升。但是，交通运输及仓储业、邮电业显著促进了劳动密集型行业效率提升，金融保险业显著促进资本密集型制造业效率提升，科学研究业对制造业效率提升具有一定程度的滞后性。程大中（2008）利用OECD 13个国家的投入产出表，分析了生产性服务业与制造业的融合程度。中国生产性服务业细分行业占总产出的比重都比较低，中国的物质性投入较多，而服务性投入较少。黄莉芳（2011）用中间投入率和中间需求量等指标比较了1992—2007年中国生产者服务业嵌入制造业的程度。黄莉芳、黄良文、郭玮（2011）分析了生产者服务业对制造业技术溢出的前向关联效应和后向关联效应，并用 1999—2008 年制造业行业面板数据进行实证检验。汪德华、江静、夏杰长（2010）认为，生产者服务业与制造业融合影响制造业升级有两个原因：一个是生产者服务业与制造业的分离有助于形成企业核心竞争力；另一个是分工与专业化有助于形成规模经济。柳坤、申玉铭、张旺（2012）用中国 1997 年、2002 年、2007 年投入产出表数据认为，生产者服务业与制造业融合深度不够。

但是，这些文献用的计量数据过于陈旧，并且近几年来，中国经济及生产性服务业高速发展，中国面临的国内及国际环境也已经发生了巨大变化。本书将在这些文献研究基础上，利用 2003—2011 年中国除西藏外的 30 个省市自治区按照新行业分类标准（GB/T4752—2002）划分的生产性服务及装备制造业数据，分析生产性服务作为中间品投入与装备制造业效率提升问题。

一　计量模型与变量选取

本节把生产性服务业分为物流服务业、信息服务业、金融服务业、商务服务业和研发服务业。其中，物流服务业包括交通运输及仓储业、邮政业和批发零售业，信息服务业包括信息传输、计算机服务和软件业，金融服务业包括金融业和保险业，商务服务业包括租赁和商务服务业，研发服务业包括科学研究、技术服务和地质勘查业（GB/T4752—2002）。装备制造业包括金属制品业、通用设备制造业、专用设备制造业、交通运输设备制造业、电气机械及器材制造业、通信设备、计算机及其他电子设备制造业和仪器仪表及文化办公用机械制造业等行业（GB/T4752—2002）。根据上文分析，本节建立如下面板计量模型：

$$\ln lp_{it} = \alpha + \beta_1 \ln wl_{it} + \beta_2 \ln if_{it} + \beta_3 \ln jr_{it} + \beta_4 \ln sw_{it} + \beta_5 \ln yf_{it} + \beta_6 \lambda_{it} + \varepsilon_{it}$$

$$(5-7)$$

其中，$\ln lp_{it}$ 为 i 地区 t 年装备制造业劳动生产率的对数值，为本计量模型的被解释变量。由于装备制造业效率指标的选取，国外研究通常用增加值率（增加值与产值的比率）、效率指数、劳动生产率（人均行业产出）、产业利润率以及市场份额等（江静和刘志彪，2007），但是，中国装备制造业各细分行业增加值数据没有 2008—2011 年数据，因此，本节在分析时，装备制造业效率指标用装备制造业各细分行业规模以上工业企业人均产值来表示，其中装备制造业各变量数据按其各细分行业相应变量数据加总。数据来源为国研网数据库。

$\ln wl_{it}$、$\ln if_{it}$、$\ln jr_{it}$、$\ln sw_{it}$、$\ln yf_{it}$ 分别表示 i 地区 t 年物流服务业、信息服务业、金融服务业、商务服务业以及研发服务业从业人员数与该地区生产性服务业从业人数比重的对数值；由于 1992 年以来中国大量引进外商直接投资，外商直接投资企业为中国制造业发展带来了先进的管理经验和技术溢出，同时还弥补了中国制造业发展资金不足；此外，人力资本的提升可以提升装备制造业从业人员素质和技术水平，从而提升装备制造业的效率，可以用高等学校万人在校生数作为人力资本的代理变量。因此本节用外商直接投资和人力资本作为控制变量，其中 λ_{it} 分别表示 $\ln fdi_{it}$ 和 $\ln rl_{it}$，$\ln fdi_{it}$ 表示 i 地区 t 年引进的外商直接投资的对数值，$\ln rl_{it}$ 表示 i 地区 t 年普通高等学校万人在校生数，数据来源为国研网数据库。

二 计量结果分析

（一）全国层面

本节首先从全国整体层面考察生产性服务各细分行业投入对各地区装备制造业效率提升的影响。以 2003—2011 年除西藏外的中国 30 个省市自治区装备制造业劳动生产率为被解释变量，以 30 个省市自治区生产性服务各细分行业就业人数占各地区生产性服务业总就业人数的比值为解释变量进行面板计量分析，计量结果如表 5 - 3 所示。通过逐个加入生产性服务业各细分行业变量，并对模型进行 Hausman 检验，模型（1）至模型（3）都应该取固定效应，模型（4）和模型（5）为随机效应。本节将对模型（5）重点分析。

表 5 - 3   中国 31 个省市自治区生产性服务细分行业
对装备制造业效率影响的计量结果

	模型（1）	模型（2）	模型（3）	模型（4）	模型（5）
$\ln wl_{it}$	-1.21 *** (-5.0)	-1.07 *** (-4.62)	-1.32 *** (-6.09)	-1.44 *** (-9.25)	-1.43 *** (-8.57)
$\ln if_{it}$		0.508 *** (5.03)	0.18 ** (1.71)	0.209 ** (2.14)	0.21 ** (2.02)
$\ln jr_{it}$			1.27 *** (6.54)	1.04 *** (5.73)	1.05 *** (5.64)
$\ln sw_{it}$				0.023 (0.3)	0.021 * (1.27)

续表

	模型（1）	模型（2）	模型（3）	模型（4）	模型（5）
$\ln yf_{it}$					−0.008
					（−0.06）
$\ln fdi_{it}$	0.333 ***	0.315 ***	0.25 ***	0.158 ***	0.159 ***
	（6.22）	（6.16）	（5.24）	（4.22）	（3.91）
$\ln rl_{it}$	0.81 ***	0.772 ***	0.67 ***	0.729 ***	0.731 ***
	（5.66）	（5.64）	（5.27）	（6.93）	（6.33）
常数项	−6.99 ***	−3.98 ***	−0.57	−1.31	−1.31 ***
	（−11.0）	（−4.68）	（−0.6）	（−1.23）	（−1.16）
固定效应	Y	Y	Y	N	N
R^2	0.7638	0.7867	0.8195	0.8148	0.8151
观测值	270	270	270	270	270

注：括号内为 t 检验值，*** 、** 、* 分别表示回归系数在 1%、5% 和 10% 水平上显著不为零。

从表 5-3 可以看出，物流服务业对装备制造业劳动生产率提升具有负向影响，物流服务每提升 1 个百分点，装备制造业效率将降低 1.43 个百分点。从 2012 年中国物流与采购联合会发布的公报可以看出，2012年，中国物流总费用为 9.4 万亿元，其占 GDP 的比例约为 18%。其中，运输费用和保管费用分别占到物流总费用的 52.5% 和 35.2%，巨大的运输成本和库存成本降低了装备制造业的效率。

信息服务业每提升 1 个百分点，装备制造业效率将增加 0.21 个百分点，随着信息通信技术的进步和更新换代的频繁，装备制造业内置的信息部门已远不能满足效率要求，企业逐渐把内置的信息服务剥离，寻求更加专业化的外部信息服务商以降低成本和提高效率。

金融服务业每提升 1 个百分点，装备制造业效率将提升 1.05 个百分点，装备制造业是资本技术密集型制造业，其发展过程中需要大量的金融服务投入，金融服务的增加也可以提高装备制造业的资金周转速度，并能提升装备制造业的营运能力。

商务服务业每提升 1 个百分点，装备制造业劳动生产率将增加 0.021 个百分点，商务服务业包括租赁、财务、咨询、审计等中介服务，商务服务生产者一般具有比较高的知识资本、技术资本，商务服务的深入发展可以降低装备制造业交易成本，获得专业化服务，并能提升装备制造业效率。

研发服务业对装备制造业劳动生产率有不显著的负向影响。近几年来，虽然中国研发经费有了较大程度的增长，但是，和发达国家还存在很大差距，并且研发经费大多投入到高等院校、科研院所以及大中型国有企业，占绝大部分比例的中小企业研发经费投入不足。另外，部分单位把申请科研经费的多少作为晋升的依据，研发成果更多地流于形式，并且学术成果和科技发明之间的转化率很低，从而导致研发服务业对装备制造业效率提升不明显。

外国直接投资每提升 1 个百分点，装备制造业劳动生产率将提升 0.2801705 个百分点。改革开放以来，中国大量引进外商直接投资，外商直接投资给中国带来了比较先进的管理经验和理念，同时外商直接投资也弥补了中国长期以来建设资金的不足。另外，外商投资企业按照国际标准对员工进行培训，提升了员工国际化水平，并能促进企业之间的竞争，因此，外商直接投资的增加可以提升装备制造业劳动生产率。

中国各地区人力资本每提升 1 个百分点，装备制造业劳动生产率将提升 0.731 个百分点。高等教育水平的提升可以提升劳动者的素质和技能，进而可以提升各地区的人力资本。新增长理论认为，内生的技术进步是一个国家经济持续发展的不竭动力，而人力资本投资是促进技术进步的重要途径。近几年来，中国的高等教育水平得到了很大程度提升，从而为中国装备制造业发展提供了大量具有国际化视野的高素质人才，促进了装备制造业效率的提升。

（二）地区层面分析

前一部分从全国整体层面考察了 2002—2011 年中国 31 个省市自治区生产性服务各细分行业对装备制造业劳动生产率的影响。但是，由于中国地域辽阔，改革开放以来，各地区开放程度不一样，其发展模式也不一样。本节把中国 31 个省市自治区划分为东部、中部和西部，分别考察各地区生产性服务各细分行业对其装备制造业效率的影响。为了进一步考察物流服务业对装备制造业效率提升的影响，本节把物流服务业细分为交通运输、仓储及邮政业和批发零售业。另外，由于近些年来外商直接投资对中国各地区制造业发展都起了非常重要的作用，本节仍然把外商直接投资作为重要的控制变量进行检验。经过 Hausman 检验，模型结果都应取随机效应。计量结果如表 5-3 所示。

表5－4　　　　　东部、中部和西部生产性服务对装备制造业
效率提升的面板计量结果

	东部		中部		西部	
	随机效应	固定效应	随机效应	固定效应	随机效应	固定效应
ln *tra*	－1.21***	－1.53***	－1.21***	－1.34***	－1.27***	－1.49***
	（－4.72）	（－6.17）	（－5.87）	（－6.31）	（－3.97）	（－3.47）
ln *info*	0.32***	0.59	0.18	0.09	0.166	－0.004
	（1.86）	（3.43）	（0.79）	（0.51）	（0.95）	（－0.02）
ln *pifa*	－0.24	－0.35***	－0.4**	－0.36*	－1.36***	－1.35***
	（－1.24）	（－1.87）	（－1.96）	（－1.85）	（－5.84）	（－4.46）
ln *jinrong*	0.74***	1.23***	0.198	0.45***	0.29***	0.96**
	（2.67）	（4.49）	（0.71）	（1.18）	（0.73）	（1.91）
ln *shangwu*	0.039	0.06	0.45***	0.13	0.44***	0.199
	（0.27）	（0.46）	（3.36）	（1.18）	（3.48）	（1.38）
ln *yanfa*	0.57***	0.08	1.85***	0.48	0.45**	0.42
	（2.95）	（0.4）	（7.52）	（1.45）	（1.94）	（1.19）
ln *fdi*	0.17***	0.15**	0.55***	0.63***	0.43***	0.47***
	（2.63）	（2.51）	（5.99）	（7.05）	（7.77）	（5.92）
－ cons.	4.93***	4.72***	6.96***	－0.28	－1.12	－1.5
	（4.79）	（4.09）	（4.63）	（－0.2）	（－0.52）	（－0.49）
R^2	0.7147	0.7489	0.8734	0.9264	0.8380	0.8477
Hausman 检验	Y	N	Y	N	Y	N
观测值	99	99	72	72	99	99

注：括号内为 t 检验值，***、**、*分别表示对应的回归系数在1%、5%和10%水平上显著不为零。

从表5－3可以看出，中国东部、中部和西部地区交通运输、仓储及邮政业对装备制造业效率的提升都有显著负向影响，原因就在于中国目前非常高昂的物流运输成本。但是，中国东部、中部和西部地区批发零售业对装备制造业效率的提升也有显著负向影响，原因是批发零售业一般针对最终消费品，而装备制造业的产品一般作为资本品再投入到企业生产过程中。另外，由于中国各地区装备制造业产品的营销网络不发达，其品牌效应还不显著，导致批发零售业对装备制造业效率提升影响不大；中国东部、中部和西部地区信息服务业对装备制造业都有一定的正向影响，其中

东部地区影响最显著，原因可能是东部信息服务业相对比较发达，并且东部地区专业化分工程度比较高，而中西部信息服务业发展比较滞后，从而对提升装备制造业效率不显著。另外，中国东部、中部和西部地区金融服务业、商务服务业、研发服务业对装备制造业效率的提升都有一定的正向影响，并且中部地区商务服务业和研发服务业对装备制造业效率的影响都比东部地区和西部地区大。这些生产性服务业都具有知识密集和技术密集特征，其可以降低装备制造业的交易成本，并有利于装备制造业的精细化生产和专业化，从而提升装备制造业的竞争力。

第四节　中间品进口与出口升级

20 世纪 90 年代以来，中国大量引进外商直接投资，大量进口高技术含量的成套机器设备并大量出口低技术含量的消费品，但是，低技术含量消费品出口迅速下降，而中高技术含量成套机器设备出口在大幅增加（魏浩等，2011）。中国已经开始从进口成套机器设备并出口消费品向进口零部件并出口成套机器设备转变。

一　成套机器设备进口与消费品出口

中国改革开放以来经济增长突飞猛进，出口为经济的高速增长做出了重要贡献，出口额从 1978 年的 97.5 亿美元增加到 2011 年的 18984 亿美元，增长了 193.7 倍，年均增长率为 17.3%。巫强、刘志彪（2009）认为，中国出口的高速增长是由"为出口而进口"机制实现的，即进口机器设备，出口消费品。中国成套机器设备的进口从 1998 年的 272 亿美元增加到了 2011 年的 2610.6 亿美元，增加了 8.6 倍，年均增长率为 19%；消费品出口也从 1995 年的 711 亿美元增加到 2011 年的 5362.9 亿美元。因此，中国消费品高速出口增长的背后还有成套机器设备高速进口增长的事实，这种"双高"现象联系密切。

消费品是最终产品，但是，这种最终产品生产过程中各环节最重要的投入就是机器设备。目前中国全社会近 2/3 的固定资产设备投资基本靠进口支撑，其中，高端光纤和集成电路设备、高级数控机床设备、高端纺织设备、大型石化设备、核电设备、重型燃气轮机设备和医院的高端医疗设备等几乎全部进口（陈爱贞，2008）。进口的成套机器设备挤压了中国本土装备企业的市场空间，加工贸易模式和体制弊端等因素抑制了成套机器设备的技术溢出。另外，在跨国公司加工贸易的压榨下，中国本土装备企业日益萎缩。

由于中国出口到国外的各种消费品物美价廉，损害了部分国外厂商利益。国外政府频频出台各种反倾销措施和规制条件对中国消费品企业进行制裁。但是，由于中国本土装备制造业技术滞后，面对国外政府的各种"苛刻"条件，中国企业生产的机器设备难以生产出满足国外政府"苛刻"条件的消费品。中国企业必须大规模进口国外更先进的机器设备和流水线等来弥补中国装备制造业的技术差距。另外，进口的这些高技术成套机器设备促进了中国总体装备水平的提高，提高了资本劳动比，并促进了生产效率的提升。进口机器设备还可以加速老设备折旧，提高最终品的质量和工艺升级，并通过规模经济降低单位产品的成本，促进传统产业向高新技术产业升级。因此，在短期内进口的成套机器设备促进了消费品出口的升级，但是，在长期内由于进口成套机器设备加剧了中国本土装备企业和国外的差距，对中国装备制造业的可持续发展不利，中国需要通过各种政策引导振兴本土装备制造业。[①]

二　进口零部件与出口成套机器设备

中国零部件进口额从 1998 年的 305.2 亿美元增加到了 2011 年的 4002.6 亿美元，增加了 12.1 倍，年均增长率为 21.9%。中国出口的成套机器设备从 1998 年的 276.2 亿美元增长到 2011 年的 5529.1 亿美元，增长了 19 倍。虽然中国出口成套机器设备的技术含量逐渐增加，但是，中国成套机器设备出口的高速增长仍然以中低端为主，例如，金属加工机床产品 2004 年中国出口 616 万台，进口仅 127 万台，但是，贸易逆差却达到了 53.77 亿美元，并且进口机床的平均价格是出口的 532 倍（陈爱贞，2008）。虽然中国从出口劳动密集型的最终消费品向出口技术含量相对比较高的成套机器设备转移，但由于中国机器设备制造企业没有掌握核心技术，从而导致成本激增。

中国成套机器设备出口的高速增长是通过"为出口而进口"实现的。特别是我国大量加工贸易企业大量进口核心零部件，加工组装为成套机器

---

① 参见楚明钦、陈启斐《中间品进口，技术进步与出口升级》，《国际贸易问题》2013 年第 6 期。

设备后再出口。例如，我国工程机械行业在出口方面比较占优势，但是也受到关键零部件的制约。中国机械行业龙头"徐工"出口产品的零部件进口成本占出口品价格的 30% 左右。2007 年，徐工机械进口零部件 20 亿人民币，出口创汇 5 亿美元。但是零部件进口占产品销售的 40%，却占利润的 70%—80%（陈爱贞、刘志彪，2011）。虽然我国成套机器设备出口态势迅猛，但是，关键零部件进口成本占据了大部分，最终成套产品出口利润很低。

另外，2008 年，我国成套机器设备出口中 52.07% 是由外资来完成的，其中加工贸易出口中，84.39% 的出口份额由外资企业完成。由外资推动的"为出口而进口"模式主要是由于中国本土零部件制造商技术水平低下，满足不了生产高科技成套机器设备的需要，同时由于中国本土企业处于全球价值链的低端，处于被压榨的地位。虽然进口的零部件出现了比较强的技术溢出效应，但是，国外真正的核心技术是引进不来的。如果长期靠进口零部件来获得技术溢出，势必形成技术依赖，将使关键技术的研发动力缺失，限制了内资企业的自主创新。大量进口零部件还会使我国东部、中部、西部专业化分工与要素循环机制失去效用。大规模进口零部件将会使关键技术受制于人，将会阻碍中国向 GVC 高端延伸。因此在短期内，进口技术含量比较高的零部件会有一定的技术溢出，并且会导致出口成套机器设备的技术含量提升。但是，中国必须提升中国本土零部件的自主创新能力，并提高零部件的本土采购率，逐步摆脱零部件过分依赖进口的局面。

因此政府应该在最大限度促进零部件进口技术溢出的基础上引导国内企业加强零部件产品的自主创新能力建设，提升中国本土企业的零部件生产的质量和工艺，提升零部件的本土采购率，走出中国核心零部件过分依赖国外企业的困境。同时，短期内政府应该鼓励成套机器设备进口，加速国内陈旧设备的更新，增加国内资本积累；长期内应该提高科研经费的投入和效率，鼓励中国本土装备制造业的自主创新，突破"为出口而进口"的被动贸易模式。① 另外，要有选择地引进外国直接投资，把高污染、高耗能的外资企业排除在国门之外，同时要加强生产性服务业外国直接投资的进入。

---

① 参见楚明钦、陈启斐《中间品进口，技术进步与出口升级》，《国际贸易问题》2013 年第 6 期。

第六章 长三角生产性服务业与装备制造业互动案例分析

第一节 长三角生产性服务业与装备制造业的空间垂直分离

一 长三角经济发展背景

改革开放 30 多年来，长三角成为中国经济发展最快、经济最发达的地区之一。2012 年，长三角经济总量占全国经济总量的 20.9%，人均 GDP 达到 72215.33 元，是全国平均水平的 1.88 倍。长三角也是我国装备制造业比较发达的地区，通过 2007 年江苏、浙江、上海和中国投入产出表计算：2007 年，长三角两省一市装备制造业增加值占全国装备制造业增加值的 35.1%。另外，江苏、上海和浙江装备制造业增加值占国民经济增加值比重分别达到 20.4%、20.6% 和 16.9%，远高于全国 11.9% 的水平。长三角除了拥有比较发达的装备制造业外，长三角还有比较发达的生产性服务业，2007 年长三角生产性服务业增加值占全国生产性服务业增加值的 24.7%。尤其是 2007 年上海生产性服务增加值占其地区生产总值比重达到 35.50%，而全国生产性服务业与国内生产总值比重只有 22.0%。

表 6-1　2007 年长三角各地区生产性服务业与装备制造业增加值比重　单位:%

	上海	江苏	浙江	全国
装备制造业增加值比重	20.60	20.40	16.9	11.90
生产性服务业增加值比重	35.50	20.96	24.28	22.00

资料来源：中国、上海、江苏和浙江 2007 年投入产出表。

虽然长三角地区装备制造业增加值占据全国的 1/3 强，但是，长三角装备制造业的发展是通过大量引进外商直接投资或者代工模式实现的。中国改革开放以来大量引进外商直接投资，其中 2012 年长三角两省一市外商直接投资占全国外商直接投资的 48.6%。外商直接投资企业进口国外先进零部件、机器设备以及设计、研发、营销等生产性服务，使用中国低技术劳动力进行加工、组装等模式进行代工生产，然后产成品出口到国外。这种加工贸易模式带来了中国的"出口奇迹"，但也使中国在 2009 年成为世界第一出口大国的同时变成世界第二进口大国。根据 UN COMTRADE 数据库统计，中国装备制造业出口占总出口的比重已经从 1993 年的 20% 提高到 2011 年的 51.6%，而装备制造业进口占总进口的比重从 1993 年的 45.9% 下降到了 2011 年的 41.9%。由此可以看出，中国已经从进口机器设备出口消费品，开始转变为进口机器设备、零部件以及生产性服务，然后出口成套机器设备。另外，根据 2012 年长三角统计年报数据，如表 6 - 2 所示，2012 年，长三角出口占全国货物总出口的 37%，长三角进口占全国货物总进口的 29.6%。其中加工贸易出口与进口的比重分别占总出口和进口的比重为 34.4% 和 28.8%。

表 6 - 2   2012 年长三角各地区进出口类型比重及 FDI 类型比重

	上海	江苏	浙江	长三角
出口比重	0.100936	0.160349	0.109605	0.37089
进口比重	0.1265	0.120783	0.048229	0.295512
加工贸易出口比重	0.117674	0.185675	0.040218	0.343566
加工贸易进口比重	0.077332	0.179011	0.031733	0.288076
服务业 FDI 比重	0.168498	0.189499	0.087237	0.445234
FDI 比重	0.10862	0.276959	0.100595	0.486174

资料来源：2012 年长三角两省一市统计公报。

改革开放初期，长三角两省一市经济总量差别不大，例如，1980 年，上海、江苏、浙江生产总值总量分别为 311.89 亿元、319.8 亿元和 179.68 亿元。但是，1980 年，上海第二产业比重就已经达到了 75.7%，已经处于典型的工业化发展阶段。此后，苏南的乡镇企业和浙江的民营经济也进入新的发展阶段，江浙的制造业占地区生产总值比重不断向上海靠拢。随着长三角对外开放程度的提高和浦东新区的发展，上海迅速摆脱了长期以来的旧体制束缚，加快了市场体制改革，转变了政府职能，逐步确立了其国际大都市地位。而江苏和浙江也转变了发展模式，大量引进制造业外商直接投资，例如，新加坡工业园、台资工业园等先后在苏州、昆山和吴江等地落户。2001 年中国加入世界贸易组织后，长三角引进外商投资的力度更大，不过，开始从制造业外商直接投资向服务业外商直接投资转变。

表 6 – 3　　　　1980—2012 年长三角两省一市三次产业结构变化情况

年份	第二产业			第三产业		
	江苏	浙江	上海	江苏	浙江	上海
1980	—	0.468	0.757	—	0.172	0.211
1990	—	0.454	0.637	—	0.295	0.319
1996	0.512	0.531	0.545	0.327	0.322	0.430
1999	0.509	0.541	0.484	0.360	0.341	0.496
2000	0.517	0.527	0.475	0.363	0.363	0.506
2003	0.581	0.519	0.469	0.358	0.376	0.442
2005	0.566	0.533	0.486	0.354	0.400	0.504
2006	0.566	0.541	0.485	0.363	0.401	0.506
2009	0.539	0.518	0.399	0.396	0.431	0.594
2010	0.525	0.516	0.421	0.414	0.435	0.573
2012	0.502	0.500	0.389	0.435	0.452	0.604

资料来源：长三角两省一市历年统计年鉴及国研网数据库。

改革开放后，上海第二产业的比重从 1980 年的 75.7% 下降到 1990 年的 63.7%，又从 2000 年的 47.5% 降到 2012 年的 38.9%，上海第三产业的比重从 1980 年的 21.1% 提高到 1990 年的 31.9%，又从 2000 年的 50.6% 提高到了 2012 年的 60.4%；江苏第二产业的比重在 2003 年达到最高值 58.1% 后又下降到 2012 年的 50.2%，而其第三产业的比重从 2000 年的 36.3% 不断提升到 2012 年的 43.5%；浙江第二产业的比重在 2006 年达到最高值 54.1% 后下降到 2012 年的 50%，而其第三产业比重从 2000 年的 36.3% 提高到了 2012 年的 45.2%。从这些数据可以看出，长三角两省一市的产业结构已经发生明显变化，上海已经成为一个由工业经济占主导地位的城市转变为一个以服务业为主的国际性大都市。江苏和浙江经历了第二产业高速发展之后，第二产业比重逐步下降。与此同时，第三产业比重稳步提升。

二 上海总部经济与长三角一体化发展

（一）上海总部经济的形成

自 2001 年中国成功加入世界贸易组织后，2002 年上海又成功获得 2010 年世博会举办权。自此，上海对外开放程度也迅速加大，上海进出口贸易额和引进的外商直接投资也在不断攀升。上海为了迎接世博会，在基础设施投资和城市环境维护方面进行了大量投资。此外，由于 GDP 考核机制与官员晋升激励，长三角地区不断招商引资，外资的不断扩大带来了地方政府税收的增加、经济的快速增长和工人的大量就业。

但是，这一时期各地引进的外资基本都是处于价值链低端的劳动密集型产业，这些产业基本处于国外产业生命周期的衰退阶段，并具有高耗能、高污染和低附加值等特征。而上海在与江苏和浙江等省的发展锦标赛中主动放弃了引进低端制造业外商直接投资，而是主要引进第三产业外商直接投资，上海统计公报显示，2012 年，上海第三产业外商直接投资占全部外商直接投资的比重达到了 83.5%。上海不但通过各种措施引导服务业的发展，而且还把制造业逐步转移到郊区甚至转移到邻近的江苏和浙江等地。由于上海拥有比较完善的配套基础设施以及良好的科教资源优势，其不断引进生产性服务外商直接投资，为长三角制造业发展提供服务支撑。这样就形成了上海金融、航运、贸易等服务业比较发达，而江苏与浙江制造业相对比较发达的产业分工格局。

上海在大力引进服务业外商直接投资的同时，逐渐成为跨国公司亚太地区总部或中国地区总部集聚地。根据上海统计公报数据，截至 2012 年年底，上海拥有的跨国公司地区总部达到了 403 家，而生产性服务业比较发达的北京也仅有 127 家。可以看出，上海已经成为跨国公司地区总部的首选地。随着跨国公司地区总部大量入驻上海，上海逐步进入总部经济发展时代。跨国公司在上海设立地区总部原因主要有以下三个方面。

第一，上海有良好的区位优势。上海具有良好的社会环境和配套基础设施，外部经济性明显；各类科研院所和高水平高等院校在该地区集聚，为该地区经济发展提供人才和科技支撑。该地区对外开放程度比较高，便于接触国际性信息和了解国际市场行情。

第二，跨国企业平衡全球市场竞争的需要。例如，正当福特公司着手把地区总部放在上海时，通用公司已经抢先把其亚太地区总部从新加坡转移到上海。通用汽车公司在日本、中国和韩国等亚太地区有85%左右的业务，在地区总部上海更靠近业务和市场中心（金圭佳等，2005）。

第三，生产性服务业FDI有追随制造业FDI的特点。2006年，中国服务业FDI才迅速发展，到2011年，服务业FDI首次超过制造业FDI。由于我国制造业FDI主要集中在长三角一带，而服务业FDI有追随制造业FDI的趋势，并且生产性服务业FDI倾向于集中在服务业发达的区域（张宇馨，2011），因此，生产性服务FDI也倾向于向上海集聚。

（二）长三角一体化背景下的地区产业分工与协作

2008年国务院关于《进一步推进长江三角洲地区改革开放和经济社会发展的指导意见》的出台，标志着长三角一体化正式上升为国家战略。长三角一体化发展有赖于长三角两省一市的协调和合作，需要在各地区经济、社会以及文化等方面历史联系基础上，对各地区被计划经济行政体系分割的市场重新整合，对各地区存在相互冲突和内耗的市场关系重新协调。通过长三角一体化，实现区域内各城市之间的产业结构互补、市场开放程度的扩大、信息资源共享、制度协调水平高和交通体系完备，从而降低整个区域内企业之间的交易成本，进而提升长三角整体的国际竞争力。

长三角一体化主要包括以下几个方面：

第一，区域空间一体化。城市群发展战略是世界区域经济发展的主要模式，长三角城市群已经跻身于世界第六大城市群。城市群一般都以具有全球战略意义的核心城市为中心，核心城市周围都有数个次级中心城市构成的城镇体系，城市群内部产业分工明确，城市之间有良好的交通体系以及基础设施网络（张灏瀚，2007）。

第二，市场一体化。改革开放后，地方政府之间由于GDP竞争而不断干预市场交易，生产要素流动由于地方行政边界而陷入固化，地方政府之间的非经济壁垒干扰了要素市场的自由流动。通过长三角地区的市场一体化，各地区之间的行政壁垒应该逐渐消除。

第三，产业一体化。本书所讲产业一体化指的是长三角各地区产业分工明确，产业优势互补，从而形成垂直分工体系或水平分工体系。例如，上海利用生产性服务业发达的优势重点发展生产性服务业，而江苏和浙江分别发展先进装备制造业，上海的生产性服务业又能为江苏和浙江的先进装备制造业提供支撑。

第四，交通运输及通信设施一体化。交通运输及通信设施一体化是长三角一体化的基础，良好的基础设施会促进信息、人才、资金、技术等生产要素的便利流动，从而使长三角的资源得到优化配置（刘志彪，2010）。

在长三角一体化发展进程中，上海利用其优越的地理位置、良好的政策环境和工商业基础，成为跨国公司转移国际资本和价值链治理的节点。跨国公司不断把全球价值链高端部分，例如，研发、设计、营销、人力资源等向上海转移，而上海的制造业也不断向上海周边的江苏和浙江转移。上海自身也在不断调整产业结构，降低交易成本，并创造良好的政策环境鼓励制造业剥离生产性服务，导致上海第二产业比重不断下降，第三产业尤其是生产性服务业比重迅速上升。由于跨国公司和国内大型企业纷纷把地区管理总部逐步转移到上海，上海正逐渐发展成为世界级中心城市，其所具有的贸易、航运、金融以及经济功能使上海从中国单一的制造业中心转变成为带动长三角经济发展的辐射中心。而上海周边的江苏和浙江等省也主动参与长三角产业分工，这些地区先进制造基地特征越发明显。上海已经成为长三角生产性服务集聚地，上海的生产性服务业不但为上海的装备制造业服务，也更多为上海周边的江苏和浙江制造业提供服务。正如高传胜、刘志彪（2005）所研究，上海生产性服务业增加 1 个百分点，长三角制造业生产率将增长 0.918 个百分点。

（三）长三角产业地区分工理论模型

本部分在借鉴樊秀峰等（2012）和杨小凯（1998）超边际分析方法研究基础上，构建了长三角不同地区的生产函数。假定存在地区 1 和地区 2 两个地区，装备制造业可以生产机器设备，生产性服务业可以生产服务中间品，这两个地区的企业既可以垂直一体化进行生产机器设备和服务中间品，也可以专业化生产机器设备或服务中间品。假设 x 为服务中间品，y 为机器设备，并且假定地区 1 生产机器设备的效率高于地区 2，而地区 2 生产服务中间品的效率高于地区 1，从而地区 1 的生产函数可以记作：

$$x_1 = x_1^s = \alpha(l_{1x} - c)；\quad y_1 = (x_1^d + \eta x_2^d)(l_{1y} - c)^\beta，\qquad (6-1)$$

其中，l_{1x}，$l_{1y} > c$，$0 \leqslant \eta \leqslant 1$，并且 $\alpha > 0$，$\beta \geqslant 1$。

地区 2 的生产函数可以记作：

$$x_2 = x_2^s = (l_{2x} - e)^\gamma, \text{ 其中 } \gamma \geq 1, \text{ 并且 } \gamma > \alpha, l_{2x} > e \qquad (6-2)$$

在以上生产函数中，l_{1x}、l_{1y}、l_{2x} 分别表示地区 1 用于服务中间品 x 和机器设备 y 的劳动力数、地区 2 用于生产服务中间品 x 的劳动力数；x_1^d、x_2^d 分别表示地区 1 企业从本地购买的服务中间品数量以及从地区 2 购买的服务中间品数量，η 表示地区 1 和地区 2 之间由于贸易壁垒和市场分割等因素带来的交易效率，表示地区 1 从地区 2 每购买 1 单位的服务中间品，地区 1 只能得到 η（$0 \leq \eta \leq 1$），中间的损失为 $1 - \eta$。假定地区 1 和地区 2 内部的工资和交易成本忽略不计，并且两个地区之间的劳动力资源禀赋有限，可以表示为：$l_{1x} + l_{1y} = 2$，并且 $0 \leq l_{2x} \leq 2$。再假设总产出和总需求之间可以有效转化，并令 $p_x = 1$，且 $p_y = \lambda$。因此在 $\eta = 1$ 情况下，地区 1 将专业化生产服务中间品，地区 2 将专业化生产机器设备，两地区之间通过专业化分工实现利润最大化。

地区 1 如果自己生产机器设备和服务中间品，则最优生产过程为：

地区 1 生产函数可以记作：

$$x_1 = x_1^s = \alpha(l_{1x} - c); \quad y_1 = x_1^d(l_{1y} - c)^\beta \qquad (6-3)$$

地区 1 目标函数可以记作：

$$\begin{cases} \max \pi_1 = \alpha\lambda(l_{1x} - c)(l_{1y} - c)^\beta \\ \text{s. t. } l_{1x} + l_{1y} = 2 \end{cases} \qquad (6-4)$$

从而求解可以得到：

$$\begin{cases} l_{1x} = (2 + \beta c - c)/(1 + \beta) \\ l_{1y} = (2\beta - \beta c + c)/(1 + \beta) \end{cases} \qquad (6-5)$$

因此，地区 1 的最大化利润为：

$$\pi_1 = 2\lambda\alpha[(1-c)/(1+\beta)][2\beta(1-c)/(1+\beta)]^\beta \qquad (6-6)$$

其中，生产性服务业企业和装备制造业企业的利润分别为：

$$\pi_1^f = 2\alpha/(1+\beta), \quad \pi_1^z = 2\lambda\alpha[2\beta(1-c)]^\beta/(1+\beta)^{\beta+1} \qquad (6-7)$$

同理，如果地区 1 生产机器设备，地区 2 生产服务中间品，则地区分工模式存在角点均衡解：$l_{1x} = 0$，$l_{1y} = 2$，并且 $l_{2x} = 2$。

此时地区 1 的利润总额为：

$$\pi_1 = \lambda\eta(2-e)^\gamma(2-c)^\beta - (2-e)^\gamma \qquad (6-8)$$

地区 2 的利润总额为：

$$\pi_2^f = (2-e)^\gamma \qquad (6-9)$$

当 $\eta \geqslant \dfrac{2\lambda\alpha[(1-c)/(1+\beta)][2\beta(1-c)/(1+\beta)]^{\beta}+(2-e)^{\gamma}}{\lambda(2-e)^{\gamma}(2-c)^{\beta}}$ 时，即

地区 1 与地区 2 的贸易壁垒较小，两地区的交易效率较高，地区 1 和地区 2 将实现地区分工，地区 2 的服务中间品将会为地区 2 的装备制造业提供生产性服务，并且两地区都能实现利润最大化。

当 $0 < \eta < \dfrac{2\lambda\alpha[(1-c)/(1+\beta)][2\beta(1-c)/(1+\beta)]^{\beta}+(2-e)^{\gamma}}{\lambda(2-e)^{\gamma}(2-c)^{\beta}}$ 时，

地区 1 与地区 2 的贸易壁垒较大，两地区交易效率较低，此时地区 1 将主要使用本地生产的服务中间品。因此可以得到如下命题：

命题 6-1：当两地区生产性服务业与装备制造业各有比较优势时，生产性服务业与装备制造业要实现跨区域分工，要满足的依赖条件是地区之间的一体化程度比较高，市场壁垒较小，市场交易效率较高。

随着改革开放和市场经济的深入发展，长三角逐渐形成以上海为中心，以江苏和浙江为两翼的都市连绵区。在此都市连绵区内，交通设施逐渐趋向一体化，社会化信息服务体系逐步趋向完善，城市之间的行政壁垒逐渐瓦解，因此，长三角各地区之间的交易效率逐步得到了提升，为该地区产业分工提供了前提条件。

三　长三角生产性服务业与装备制造业空间集聚

随着市场化进程的不断推进，长三角各地区之间的要素流动逐渐加快，地方保护主义和市场垄断逐渐被统一市场所化解。长三角逐渐形成以上海为核心区，以江苏和浙江为边缘区的一体化发展模式。

上海作为核心区域，通过扩散效应有力推动边缘区市场化进程，并且江苏和浙江作为边缘区逐渐融入上海的核心区域。长三角核心区和边缘区通过一体化加速了要素及产品的跨区域流动，区域之间的交易成本逐渐降低。在此背景下，上海利用便捷的交通及通信网络和政策优势，把企业劳动密集型的价值链低端环节逐渐转移到上海周边的江苏和浙江等地，而江苏和浙江企业则把价值链环节的研发、设计、金融等环节转移到上海，例如宁波等地的杉杉集团、龙元建设等企业在上海形成了"宁波帮"。另外，随着上海浦东新区的开放和开发，大型跨国公司把生产基地建在上海周边的江苏和浙江等地，而把地区总部等生产性服务业基地建在交通、航运、贸易、金融比较发达的国际性城市上海。

上海利用自己的区位优势成为长三角生产性服务集聚中心，上海把劳

动密集型制造业转移到周边的江苏和浙江的同时，自己则保留了技术密集型和资本技术密集型的装备制造业。由此，上海形成了生产性服务业与装备制造业的双重集聚地，而江苏和浙江利用自己的资源优势逐渐成为长三角制造业集聚地区。大量学者研究了产业集聚形成的机制及其对提升地区竞争力的重要作用，例如，马歇尔（Marshall，1920）指出，产业集聚可以获得外部规模经济，通过产业集聚，企业可以获得便捷的中间投入，可以共享劳动力，并能获得一定的技术外溢。克鲁格曼（Krugman，1991）则用中心—外围理论把产业集聚归因于规模经济和产业的不完全竞争因素，并与运输成本结合起来，通过产业的前后相联系来解释循环累积关系。波特（1998）则通过"钻石模型"解释产业集聚，但是他只讨论了产业集聚，而没有分析产业集聚之间的关系。实际上，地区之间的产业竞争优势，不仅在于产业集聚，更在于产业集聚后的分工和合作。例如，长三角地区上海的生产性服务业与江苏和浙江的制造业不仅存在产业地区集聚，上海的生产性服务业与江苏和浙江的装备制造业也存在密切的产业关联效应。

测量产业集聚程度方法很多，常用的主要有基尼系数法、区位熵法、克鲁格曼指数法等。基尼系数法主要由意大利经济学家基尼提出，最初用来衡量国民收入分配的均衡程度，后来学者把基尼系数应用于衡量产业在不同地区分布的均衡程度，则称为空间基尼系数。空间基尼系数用公式可以表示为：$G_{ij} = \sum (s_{ij} - x_{ij})^2$，其中，$G_{ij}$为 i 地区 j 行业的空间基尼系数，s_{ij}为 i 地区 j 行业就业人数与全国 j 行业总就业人数的比值，x_{ij}表示 i 地区总就业人数与全国总就业人数的比值。空间基尼系数如果越趋向于0，说明了该产业的空间分布越均衡，如果基尼系数越趋向于1，说明该产业在该地区的集中度越高。

区位熵反映了某一区域某一产业的专业化发展程度，也反映某产业在该地区的集聚程度。如果区位熵指数大于1，说明该地区某产业集聚程度较高；如果区位熵指数小于1，说明该地区某产业的集聚程度较低。本书将主要用区位熵指数法分别来考察长三角生产性服务业与装备制造业细分行业的集聚状况。区位熵指数的计算公式如下：

$$LQ_{ij}(t) = \left[L_{ij}(t) \sum_i L_{ij}(t) \right] / \left[\sum_j L_{ij}(t) / \sum_i \sum_j L_{ij}(t) \right] \qquad (6-10)$$

其中，i 表示地区，分别代表上海、江苏和浙江；j 代表行业，分别表示生产性服务业和制造业各细分行业，生产性服务业和制造业各细分行业的划分和本书第三章行业划分标准一致；$LQ_{ij}(t)$ 表示长三角 i 地区 j 行业 t 年的区位熵，即长三角 i 地区 j 行业 t 年的集聚程度，$L_{ij}(t)$ 表示长三角 i 地区 j 行业 t 年就业人数，$\sum_i L_{ij}(t))$ 表示长三角地区 j 行业 t 年就业人数的和，$\sum_j L_{ij}(t))$ 表示长三角地区 i 生产性服务业或制造业就业的和，$\sum_i \sum_j L_{ij}(t)$ 表示长三角地区 t 年生产性服务或制造业就业的和。

（一）长三角两省一市制造业集聚程度

本部分根据长三角 2004 年和 2011 年制造业各细分行业的就业人数数据计算出了这一时期长三角制造业各细分行业集聚程度的变化，结果如表 6-4 所示。

表 6-4 2004 年和 2011 年长三角各地区制造业各细分行业集聚程度的变化

行业	上海		江苏		浙江	
	2004 年	2011 年	2004 年	2011 年	2004 年	2011 年
13	0.679945	0.83003	1.119676	1.095998	0.990842	0.907581
14	1.959175	2.470822	0.734783	0.647748	0.908947	1.000672
15	0.789197	0.941268	1.120114	0.921027	0.941604	1.155359
16	1.700544	2.210248	1.111633	0.755336	0.546277	0.925094
17	0.465751	0.33806	1.058685	0.896697	1.163631	1.436986
18	1.030545	0.705959	0.950412	1.011696	1.049276	1.097942
22	0.785393	0.924182	0.78325	0.729448	1.370503	1.482142
25	2.830149	2.938072	0.741408	0.826358	0.512451	0.515698
26	1.006378	0.883373	1.22358	1.200243	0.713619	0.712168
27	1.40712	1.257051	0.897711	0.915729	0.948313	1.038043
28	0.378421	0.109991	1.09097	1.018464	1.1616	1.324742
31	0.886375	0.872629	1.062548	1.061387	0.971308	0.948364
32	1.035283	0.418241	1.355934	1.301494	0.53289	0.728899
33	1.149487	0.82874	0.954633	0.986715	0.990924	1.090609
34	1.276472	1.146079	0.895874	0.877443	1.008858	1.146321
35	0.995851	1.183254	0.90562	0.834366	1.12154	1.203412
36	1.333623	1.30534	1.071098	1.048906	0.761178	0.796331
37	1.343789	1.477378	0.833744	0.891066	1.057654	0.991208
39	1.118063	0.942146	0.814442	0.89146	1.182713	1.204388
40	1.304399	1.331395	1.266076	1.282641	0.526933	0.395559
41	1.314955	0.853149	0.708546	1.041563	1.229275	0.989255
44	0.713904	0.806778	1.019876	0.938833	1.102274	1.179352

通过表6-4可以看出，2011年，上海非装备制造业中的行业14（食品制造业）、行业16（烟草制造业）、行业25（石油化工制造业）以及行业27（医药制造业）的区位熵都很高，远高于江苏和浙江。另外，2011年，上海除了行业39（电气机械及器材制造业）区位熵小于1外，其他装备制造业行业区位熵都很高。此外，在2004—2011年，上海制造业中行业17、行业18、行业26、行业27、行业28、行业31、行业32、行业33等区位熵都在大幅下降，而这些行业都属于纺织、服装、化学原料以及黑色金属冶炼等劳动密集型低附加值行业、高污染、高耗能行业。因此，在此期间，上海通过"退二进三"等政策把高污染、高耗能以及低附加值的制造业转移到其他地区，而自己则保留了技术含量比较高的装备制造业，上海成为长三角装备制造业集聚的中心之一。

2011年，江苏非装备制造业中的行业13（农副食品加工业）、行业18（纺织服装业）、行业26（化学原料及制品业）、行业28（化学纤维制造业）以及行业32和行业33（金属冶炼业）等区位熵比较高，而这些行业都属于劳动密集型、高污染、高耗能产业。而在装备制造业中，江苏行业36（专用设备制造业）和行业40（通信设备制造业）区位熵比较高，说明这些行业集聚程度比较高。另外，2004—2011年，江苏大部分制造业行业集聚程度都在下降，但是，江苏行业18（纺织服装业）集聚程度却在提高。原因是2008年金融危机后，江苏大量外商制造业直接投资撤离，导致这些行业区位熵下降。而江苏纺织服装业通过动态的进口高技术机器设备带来了纺织服装业快速发展。

2011年，浙江省非装备制造业行业中的行业14、行业15（食品和饮料制造业）、行业17和行业18（纺织和服装业）、行业22（造纸及纸制品业）、行业27和行业28（医药及化学纤维制造业）以及行业33（有色金属制造业）区位熵比较高；而浙江装备制造业中的行业34和行业35（金属制品及通用设备制造业）以及行业39（电气机械及器材制造业）区位熵比较高。2004—2011年，浙江省非装备制造业中除了行业13（农副食品加工业）外，其他制造业行业区位熵都大幅增加；但是，2004—2011年，浙江装备制造业中行业37（交通运输设备制造业）、行业40和行业41（通信设备和仪器仪表设备制造业）区位熵都大幅下降，其他装备制造业区位熵大幅上升。

以上数据从总体上看，2004—2011年，上海制造业集聚程度发生了很大变化。2004 年，上海的金属冶炼、化学原料制造业、纺织业等高污染、高耗能以及劳动密集型产业的集聚程度比较高。到 2011 年，上海这些行业的集聚程度明显下降，但是，上海的装备制造业集聚程度仍然比较高，上海成为长三角装备制造业集聚的中心。而江苏省非装备制造业集聚程度在明显下降，而浙江非装备制造业集聚程度在明显上升，原因可能是江苏制造业外商直接投资比较多。2008 年金融危机的发生，外资逐渐迁出，但是，浙江主要是制造业民营企业比较多，在政府政策扶持下进行产业转型升级带来了产业集群的蓬勃发展。对于装备制造业来说，长三角两省一市各有侧重，江苏专用设备制造业和通信设备制造业集聚程度很高；而浙江除专用设备制造业和通信设备制造业集聚程度比较低外，其他装备制造业集聚程度都高；而上海除通用设备制造业集聚程度比较低外，其他装备制造业集聚程度都高。

（二）长三角两省一市生产性服务业集聚程度

上文用区位熵指数公式计算了长三角两省一市制造业各细分行业的集聚程度，本部分将用区位熵指数公式计算长三角两省一市生产性服务各细分行业集聚程度。

表 6 - 5　　长三角两省一市 2004 年和 2011 年生产性服务细分行业区位熵指数

行业	上海		江苏		浙江	
	2004 年	2011 年	2004 年	2011 年	2004 年	2011 年
TRAF	1. 03884442	0. 740080686	1. 046593	1. 192766	0. 907476	0. 96874
INFO	1. 16925692	1. 146708525	0. 841748	0. 875298	1. 022187	1. 040408
PIFA	0. 71013137	0. 933455377	1. 204048	1. 078268	1. 040853	0. 950592
FIAN	1. 2608277	1. 072416579	0. 746911	0. 805211	1. 045045	1. 210728
SHWU	1. 28079871	1. 220245664	0. 795781	1. 047558	0. 968143	0. 724495
KEJI	1. 52888642	1. 298783016	0. 717396	0. 948534	0. 819856	0. 792331

注：TRAF 表示交通运输、仓储及邮政业，INFO 表示信息传输、计算机服务及软件业，PIFA 表示批发及零售业，FIAN 表示金融与保险业，SHWU 表示租赁及商务服务业，KEJI 表示科学研究、技术服务及地质勘查业。

根据表 6 - 5 所示，2011 年，上海除了交通运输、仓储及邮政业和批发零售业区位熵指数比较低外，其他生产性服务业区位熵指数都比较高，说明了上海生产性服务业除了物流业外，其他生产性服务业集聚程度都比较高。另外，2004—2011 年，上海除了批发与零售业区位熵上升外，其他生产性服务业区位熵都大幅下降；2011 年，江苏生产性服务业中除了交通运输、仓储及邮政业和批发与零售业以及租赁与商务服务业区位熵都比较高外，其他生产性服务业区位熵都比较低。2004—2011 年，江苏生产性服务业中除了批发与零售业区位熵大幅下降外，其他生产性服务业区位熵都大幅增加。2011 年，浙江生产性服务业中除了批发与零售业和金融与保险业区位熵比较高外，其他生产性服务业区位熵都比较低。2004—2011 年，生产性服务业中除了交通运输、仓储及邮政业、信息服务业以及金融保险业区位熵大幅增加外，其他生产性服务业区位熵都大幅下降。

　　2011 年，长三角两省一市生产性服务业中，江苏的交通运输、仓储及邮政业和批发零售业区位熵指数都是最高的，而上海这两个行业的区位熵指数都是最低的。上海的信息传输、计算机服务及软件业、租赁和商务服务业以及科学研究、技术服务和地质勘查业区位熵指数都远高于长三角地区的江苏和浙江两省。另外，上海的金融与保险业 2004 年区位熵指数最高，但是，此后一直下降，而江苏和浙江的金融与保险业区位熵指数反而都在大幅上升。因此，从整体上看，上海已经成为长三角信息服务业、租赁及商务服务业以及科技服务业集聚的中心，但是上海的交通运输、仓储及邮政业以及批发与零售业集聚程度不及江苏和浙江。

第二节　上海生产性服务嵌入与长三角装备制造业竞争力提升

一　背景分析

　　2011 年，中国服务业 FDI 达到 619 亿美元，而制造业 FDI 仅有 521 亿美元，中国服务业 FDI 首次超过制造业 FDI。而服务业 FDI 又主要集中在服务业比较发达的地区和制造业 FDI 集中的地区，其中，长三角实际利用外资占全国总实际利用外资的 48.6%，而长三角服务业外商直接投资占全国服务业外商直接投资总额的 44.5%。另外，上海服务业外商直接投资占上海外商直接投资总额的 82.8%，而浙江和江苏服务业外商直接投资占其外商直接投资总额的比重分别为 46.3% 和 36.5%。由此可以看出，上海已经成为服务业 FDI 的集中地，而江苏和浙江已经成为制造业 FDI 的集中地。

　　跨国公司在不断把全球价值链高端部分例如研发、设计、营销、人力资源等向上海转移的同时，上海制造业也不断向周边的江苏和浙江转移。上海自身也在不断调整产业结构，降低交易成本，通过鼓励制造业分离发展生产性服务业和承接生产性服务外包等措施促进上海生产性服务业发展，从而带来上海第二产业比重不断下降，生产性服务业比重迅速上升。通过上文区位熵指数的计算也可以看出，上海已经成为长三角信息服务业、商务服务业以及科技服务业集聚的中心，在长三角一体化背景下，上海生产性服务业不但为上海制造业提供服务支撑，也为长三角的江苏和浙江制造业尤其是装备制造业提供服务支撑。那么，上海生产性服务业对长三角两省一市制造业尤其是装备制造业支撑力度有多大？本部分将通过计量模型检验上海生产性服务业对江苏和浙江制造业的影响。

　　关于长三角生产性服务业与制造业关系的研究。高传胜、刘志彪（2005）认为，上海发达的生产性服务业支撑着长三角制造业的集聚和发展，上海生产性服务业的发展降低了长三角的交易成本，促进了长三角人力资本和知识资本的深化，通过专业化分工促进了长三角制造业的发展。上海生产性服务业每提升 1 个百分点，长三角制造业增加值将会增加 0.918 个百分点。江静、刘志彪（2009）利用 2000—2007 年面板数据分析了长三角各地区生产性服务业提升制造业效率程度，其中江苏生产性服务业每增长 1 个百分点，其制造业效率提升 1.793 个百分点，而上海和浙江低于江苏。另外，江苏交通运输邮电业和金融业对制造业效率的影响都非常显著，而上海和浙江不明显。徐雨森、张延（2011）通过聚类分析了长三角生产性服务业与制造业的空间分布状况，结果表明，上海形成以生产性服务业为主导，而江苏和浙江以制造业为主导的空间格局。上海生产性服务业不仅为本地服务，也为周边的江苏和浙江服务。高传胜、刘志彪（2006）认为，长三角制造业的代工模式会抑制长三角本土制造业的生产性服务外化，同时还会抑制长三角本土生产性服务业向价值链高端攀升，由于外资制造业对本土生产性服务业需求不足，导致中国本土生产性服务业与制造业产业关联效应被削弱。

　　关于生产性服务业与制造业集聚的研究。江静、刘志彪（2006）通过对长三角要素成本和交易成本的考察，认为长三角各地区劳动力成本和土地成本等要素成本大幅上涨，其中上海增长最快，而上海的基础设施、企业税外负担以及政府效率等交易成本明显小于长三角其他地区。中心城市要素成本比较高而交易成本比较低，只能发展生产性服务业；而周边城市要素成本比较低而交易成本比较高只能发展制造业，从而形成中心城市集聚发展生产性服务业而周边城市集聚发展制造业的格局。黄繁华、程佳（2011）利用2003—2008年长三角各地区空间基尼系数和区位熵指数，考察了长三角生产性服务业的集聚程度，长三角生产性服务业集聚程度都高于全国平均水平，其中上海生产性服务业各行业都位于长三角地区城市的前五名。田华泉、张祥建（2010）比较分析伦敦和纽约生产性服务业集聚区的发展模式，总结出了生产性服务业集聚区的形成机理，并认为隐性知识在企业内部及企业外部的共享促进了生产性服务业集聚区的发展，可以促进专业化和降低交易成本，创造良好的创新氛围，并能优化资源配置的效率。

关于制造业 FDI 与服务业 FDI 关系的研究。张宇馨（2011）认为，服务业是制造业的派生需求，服务业 FDI 有追逐制造业 FDI 的特征，制造业 FDI 决定着服务业 FDI 的性质，并且制造业 FDI 也能促进东道国服务业 FDI 的发展，服务业 FDI 主要为制造业外资企业服务。陈艳莹、王周玉（2011）通过定量分析，认为经济发展水平、经济增长潜力、制造业 FDI 规模、市场化和经济开发程度以及劳动力成本等都促进了生产性服务业 FDI 的增加，并且生产性服务业 FDI 与制造业 FDI 相互补充。王诏怡（2013）分别考察了生产性服务进口以及生产性 FDI 与制造业效率的关系，结果表明，生产性服务进口比生产性服务业 FDI 更能促进中国制造业效率的提升，并且二者都对资本和技术密集型制造业效率影响显著。

以上文献从不同视角分析了长三角生产性服务业与制造业的空间分布，长三角生产性服务业与制造业互动关系、服务业与制造业 FDI 的关系等。但是，大多数学者都侧重于分析长三角各地区生产性服务业与制造业互动关系。虽然也有学者研究了长三角已经形成了上海生产性服务业比较发达，江苏和浙江制造业比较发达的空间格局。上海生产性服务业对江苏和浙江制造业尤其是装备制造业有什么影响？影响程度多大？大多数学者只是定性分析，而没有进行实证分析。本部分将用长三角各地区生产性服务业与制造业分行业定量考察上海生产性服务业对江苏和浙江装备制造业效率的影响。

二　计量模型与实证分析

本部分把生产性服务业划分为交通运输及仓储业，信息传输、计算机服务及软件业，批发与零售业，金融与保险业，租赁与商务服务业，科学研究、技术服务与地质勘查业。制造业分别选取中国统计局行业分类标准两位数分类法 13—44 共 22 个行业分类数据。装备制造业主要包括金属制品业，通用设备制造业和专用设备制造业，交通运输设备业，电气机械及器材业，通信设备、计算机及其他电子设备业，仪器仪表及文化办公用业7 个行业数据。

装备制造业效率指标的选取，国外研究通常用增加值率（增加值与产值的比率）、效率指数、劳动生产率（人均行业产出）、产业利润率以及市场份额等（江静和刘志彪，2007），本部分在分析时，装备制造业效率采用装备制造业各细分行业人均规模以上工业企业产值表示，生产性服务业指标用其各细分行业年末城镇就业人数与生产性服务业城镇总就业人数比重来表示，本部分将分别比较生产性服务各细分行业对制造业和装备制造业的影响。本部分将选取国研网工业统计数据库中 2003—2011 年上海、江苏和浙江制造业以及装备制造业各细分行业数据，以及国研网宏观经济数据库中 2003—2011 年上海、江苏和浙江生产性服务各细分行业城镇单位就业人员数面板数据进行分析。其中长三角制造业各细分行业数据用上海、江苏和浙江两省一市各细分行业相应数据加总表示。由于装备制造业是用机器制造机器的产业，因此其固定资产投资程度对装备制造业效率有重要影响，而人均固定资产净值反映了其资本有机构成程度，因此，本部分将把装备制造业各行业人均固定资产净值作为控制变量。本部分具体计量模型如下：

$$\ln lp_{it} = \alpha + \beta_1 \ln jt_t + \beta_2 \ln if_t + \beta_3 \ln jr_t + \beta_4 \ln sw_t + \beta_5 \ln yf_t + \beta_6 \ln pf_t + \beta_7 \ln cap_{it} + \varepsilon_{it} \tag{6-11}$$

其中，$\ln lp_{it}$ 表示制造业 i 行业 t 年劳动生产率对数值；$\ln jt_t$ 表示上海交通运输及仓储业 t 年城镇就业人数与其生产性服务城镇总就业人数比值对数；$\ln if_t$ 表示上海信息传输、计算机服务及软件业 t 年城镇就业人数与其生产性服务城镇总就业人数比值对数；$\ln jr_t$ 表示上海金融与保险业 t 年城镇就业人数与其生产性服务城镇总就业人数比值对数；$\ln sw_t$ 表示上海租赁与商务服务业 t 年城镇就业人数与其生产性服务总就业人数比值对数；$\ln yf_t$ 表示上海科学研究、技术服务与地质勘查业 t 年城镇就业人数与其生产性服务总就业人数比值对数；$\ln pf_t$ 表示上海批发与零售业 t 年就业人数与其生产性服务总就业人数比值对数；$\ln cap_{it}$ 表示装备制造业 i 行业 t 年的人均固定资产净值。计量结果如表 6-6 所示。

表6-6　上海生产性服务各细分行业对长三角两省一市装备制造业效率的影响

解释变量	上海		江苏		浙江		长三角	
	制造业	装备制造	制造业	装备制造	制造业	装备制造	制造业	装备制造
$\ln jt_t$	-4.1 ***	-4.47 ***	-3.29 ***	-3.65 ***	-3.51 ***	-3.82 **	-3.32 ***	-3.79 ***
	(-4.76)	(-2.64)	(4.69)	(-2.69)	(-4.25)	(-2.31)	(-5.26)	(-2.91)
$\ln pf_t$	1.96 ***	2.06 **	1.36 ***	1.74 **	1.5 ***	1.74 *	1.42 ***	1.8 **
	(3.73)	(1.99)	(3.18)	(2.11)	(3.0)	(1.72)	(3.7)	(2.26)
$\ln sw_t$	1.51 **	1.60	1.54 ***	1.83 **	1.6 ***	1.94	1.32 **	1.52 *
	(2.5)	(1.33)	(3.17)	(1.9)	(2.81)	(1.64)	(3.06)	(1.64)
$\ln yf_t$	0.95 ***	1.07 **	0.58 ***	0.73 **	0.66 ***	0.72 *	0.67 ***	0.85 ***
	(4.38)	(2.52)	(3.32)	(2.15)	(3.19)	(1.74)	(4.27)	(2.59)
$\ln jr_t$	-1.2 **	-1.45	-0.92 *	-1.27 **	-1.34 **	-1.45	-0.98 **	-1.13
	(-2.0)	(-1.21)	(-1.9)	(-1.32)	(-2.36)	(-1.23)	(-2.28)	(-1.22)
$\ln if_t$	-0.6 **	-0.66	-0.04	0.12 *	-0.33	-0.29	-0.31	-0.33
	(-2.15)	(-1.18)	(-0.18)	(0.26)	(-1.25)	(-0.54)	(-1.56)	(-0.77)
$\ln cap_{it}$	0.87 ***	0.86 ***	0.81 ***	0.80 ***	0.86 ***	0.81 ***	0.89 ***	0.80 ***
	(21.45)	(11.58)	(18.39)	(13.2)	(17.35)	(20.48)	(18.94)	(13.29)
常数项	-2.39	-3.26	0.56	1.67	-1.94	-0.93	-1.47 ***	-0.62
	(-1.24)	(-0.84)	(0.35)	(0.54)	(-1.06)	(-0.25)	(-1.04)	(-0.21)
R^2	0.9044	0.8634	0.9496	0.9376	0.9193	0.8653	0.9535	0.9233
Hausman 检验	*RE*	*RE*	*RE*	*RE*	*RE*	*RE*	*RE*	*RE*
观测值	198	63	198	63	198	63	198	63

注：括号内为 t 检验值，*** 、** 、* 分别表示对应的回归系数在1%、5%、10%水平上显著不为零。

　　从表6-6可以看出，上海研发服务业不管是对上海、江苏、浙江以及长三角制造业，还是装备制造业效率提升都有显著正向影响，并且对装备制造业的影响都比制造业整体高。其中，上海研发服务业就业比重每增加1个百分点，上海、江苏、浙江以及长三角装备制造业劳动生产率分别提升1.07个、0.73个、0.72个和0.85个百分点。根据2012年上海统计公报数据，2012年上海外资研发中心达到了351家；上海市也通过优惠政策建立各种公共研发服务平台，为大量中小企业提供研发服务。因此，目前上海的研发服务业相对比较发达。随着长三角一体化的逐步推进，上海研发服务业不仅对上海装备制造业产生影响，也对制造业 FDI 相对比较发达的邻近省份江苏和浙江产生了积极的影响。

上海批发零售业对上海、江苏、浙江以及长三角制造业和装备制造业劳动生产率都有显著的正向影响，并且对装备制造业的影响都比制造业整体大。其中，上海批发零售业就业比重每增加 1 个百分点，上海、江苏、浙江以及长三角装备制造业效率分别提升 2.06 个、1.74 个、1.74 个和 1.8 个百分点。另外，上海批发零售业在长三角装备制造业中对上海装备制造业劳动生产率影响最大。按照《长三角区域规划》对上海的定位，上海是长三角贸易中心，上海发达的批发和零售业可以帮助长三角各类装备制造业企业了解客户需求和市场行情，并能帮助装备制造业企业尽快把商品销售出去。另外，上海批发与零售业外商直接投资也对江苏和浙江装备制造业外商直接投资企业提供一定生产性服务。因此，上海批发零售业对长三角各地区装备制造业劳动生产率都有正向影响。

上海租赁和商务服务业对上海、江苏、浙江以及长三角制造业和装备制造业劳动生产率的影响都为正，并且其对装备制造业效率的影响要高于制造业整体。上海商务服务业就业比重每增加 1 个百分点，上海、江苏、浙江以及长三角装备制造业劳动生产率将分别提升 1.6 个、1.83 个、1.94 个和 1.52 个百分点。商务服务一般包括设计、咨询、广告、法律、审计、租赁等中介服务，良好的商务服务反映了专业化分工的深化，其从业人员一般都具有专业化的行业经验，并且商务服务活动本身需要其从业人员亲身参与。而长三角便利的交通和发达的信息通信网络为长三角两省一市人员的流动以及信息沟通等提供了便利，因此，上海租赁和商务服务业对长三角各地区装备制造业劳动生产率的提升有正向影响。

上海交通运输、仓储及邮政业对上海、江苏、浙江以及长三角制造业及装备制造业劳动生产率影响都为负。上海交通运输、仓储及邮政业就业比重每增加 1 个百分点，上海、江苏、浙江及长三角装备制造业劳动生产率将分别下降 4.47 个、3.65 个、3.82 个和 3.79 个百分点，其中对上海本地装备制造业劳动生产率的影响最大。由于中国目前物流费用占 GDP 的 18% 左右，而制造业物流又占总物流的 90.4%，并且制造企业价值链环节中物流所占用时间高达 90%，企业的自营物流达到 60%，而中国 83.6% 的物流企业只能提供运输和装卸服务（刘秉镰，2011）。虽然上海外高桥保税区建立以来，上海以第三方物流企业为主体已经建立了现代物流体系，但是，这些物流企业基本都是外资企业，并且主要以转口贸易为主，因此，与长三角各地区制造业及装备制造业缺乏明显的产业关联效应。另外，根据中国物流与采购协会数据，2013 上半年，中国物流费用占 GDP 的 18%，其中江苏物流费用比较低，也达到了 15.4%，其中运输费用和仓储费用占据绝大部分。虽然物流行业总体上增加值很高，但是，庞大的物流费用抑制了长三角装备制造业的竞争力。

上海金融服务业对上海、江苏、浙江以及长三角制造业和装备制造业劳动生产率的影响都为负。上海金融服务业就业比重每增加 1 个百分点，上海、江苏、浙江以及长三角装备制造业劳动生产率将分别下降 1.45 个、1.27 个、1.45 个和 1.13 个百分点。上海已经成为长三角及全国金融中心，正在向国际金融中心迈进。但是，由于改革开放后上海金融业的国有资本垄断，国有大中型企业在预算软约束体制下仍能源源不断获得银行贷款，但是，中小制造业及装备制造业企业很难获得金融服务。而装备制造业企业一般为资本密集型企业，从而只能从"地下钱庄"获得高利贷，从而导致江浙一带"地下钱庄"猖獗。另外，1998 年中国住房市场化改革以来，各地房价飞涨，因此很多制造业企业纷纷向房地产领域进军，导致制造业企业从金融业获得的资金都进入了房地产业，而没有投资于实体经济。因此，上海金融业抑制了长三角各地区装备制造业效率的提升。

上海信息服务业对江苏装备制造业有显著的正向影响。上海信息服务业就业比重每增加 1 个百分点，江苏装备制造业劳动生产率将会提升 0.12 个百分点。但是上海信息服务业对上海、浙江以及长三角制造业和装备制造业都有一定程度的负向影响。近几年来，上海在优惠政策引导下大量承接国际信息服务外包，2010 年，上海信息技术外包（ITO）占上海服务外包额的 67.9%[①]，由于承接的信息技术外包大部分用于出口，导致上海信息服务业虽然发达，但对长三角装备制造业效率提升有一定抑制作用。还有一部分信息服务外商直接投资可以为长三角制造业 FDI 服务，而长三角装备制造业 FDI 又主要集中在江苏，因此对江苏装备制造业劳动生产率的提升有一定的正向影响。

为了进一步考察上海生产性服务业对江苏和浙江以及长三角整体装备

---

①　参见 http://www.51callcenter.com/newsinfo/157/2794750/。

制造业效率的影响，本部分将江苏、浙江以及长三角整体装备制造业细分行业利润对数值作为被解释变量进行稳健性检验，并与 22 个制造业细分行业进行比较分析。考虑资本有机构成对装备制造业利润的影响，本部分也把装备制造业人均固定资产净值作为控制变量进行分析。通过 Hausman 检验可知，各模型均采用随机效应，检验结果如表 6 - 7 所示。

表 6 - 7　　上海生产性服务业对长三角两省一市装备制造业利润影响计量结果

解释变量	江苏		浙江		长三角	
	制造业	装备制造	制造业	装备制造	制造业	装备制造
ln *tra*	- 13.3 ***	- 14.3 ***	- 6.19 **	- 12.1 ***	- 9.17 ***	- 11.1 ***
	(-4.49)	(-5.03)	(-2.49)	(-3.87)	(-4.23)	(-4.55)
ln *info*	3.96 ***	2.45 ***	2.77 ***	4.2 ***	2.3 ***	2.11 **
	(4.09)	(2.55)	(3.51)	(4.07)	(3.34)	(2.54)
ln *pifa*	5.25 ***	5.45 ***	3.47 **	6.34 **	4.31 ***	5.14 ***
	(2.91)	(3.14)	(2.3)	(3.31)	(3.26)	(3.43)
ln *jinrong*	- 5.82 ***	- 5.7 ***	- 2.36	- 5.07 **	- 3.57 **	- 4.8 ***
	(-2.82)	(-2.86)	(-1.38)	(-2.27)	(-2.4)	(-2.78)
ln *shangwu*	5.73 ***	5.16 ***	2.58	5.99 ***	3.48 **	4.64 ***
	(2.75)	(2.57)	(1.51)	(2.69)	(2.32)	(2.68)
ln *yanfa*	2.2 ***	2.76 ***	1.28 **	2.21 *	1.91 ***	2.31 ***
	(2.97)	(3.93)	(2.05)	(2.8)	(3.53)	(3.79)
ln cap_{it}	- 0.03	0.6 ***	- 0.16	- 0.93 ***	0.04	0.37 **
	(-0.21)	(2.89)	(-1.15)	(-4.41)	(0.29)	(1.94)
- cons.	11.2 ***	1.54	15.9	24.0 ***	10.7 **	7.95
	(1.66)	(0.23)	(2.9)	(3.37)	(2.2)	(1.39)
R^2	0.8096	0.9513	0.72	0.8695	0.8224	0.9349
Hausman 检验	RE	RE	RE	RE	RE	RE
观测值	198	63	198	63	198	63
行业	22	7	22	7	22	7

注：括号内为 *t* 检验值，***、**、* 分别表示对应的回归系数在 1%、5%、10% 水平上显著不为零。

通过表 6 - 7 可以看出，上海交通运输、仓储和邮政业对江苏、浙江以及长三角整体装备制造业利润都有显著负向影响，上海金融服务业对江

苏、浙江以及长三角整体装备制造业利润也有显著负向影响。上海批发与
零售业、商务服务业和研发服务业对江苏、浙江以及长三角整体装备制造
业利润都有显著正向影响。不同的是，上海信息服务业对江苏、浙江以及
长三角整体装备制造业利润都有显著的正向影响。装备制造业行业利润来
自行业销售收入与成本差额，而行业销售收入取决于市场需求。在第三次
工业革命背景下，信息技术将逐渐与装备制造业充分融合，信息服务投入
将带来装备制造业产品技术的改进与质量的提升，进一步增加装备制造业
产品的市场需求。另外，信息技术的广泛使用还将带来装备制造业生产成
本的大幅降低，从而带来装备制造业行业利润的增加。

三　结论

长三角地区是我国要素禀赋最好、经济发展水平最高的地区之一。随
着长三角高铁和城际轻轨网络的逐步贯通，长三角一体化步伐将会提速。
长三角目前已经形成以上海为中心，江苏和浙江为两翼的都市圈。长三角
都市圈的产业分工也日渐明朗，上海已经成为生产性服务业的集聚地，而
江苏和浙江则成为制造业的集聚地。上海的生产性服务业不仅为上海装备
制造业服务，还辐射到江苏和浙江的制造业。本书用2003—2011年长三
角两省一市行业面板数据分析了上海生产性服务业对上海、江苏、浙江及
长三角制造业及装备制造业各细分行业效率的影响。

结果表明，上海研发服务业和批发零售业不但对上海装备制造业有显
著的正向影响，对长三角整体以及江苏和浙江也都有显著的正向影响。上
海商务服务业对长三角两省一市制造业的正向影响比装备制造业的影响
大，并且对制造业的影响也都很显著。上海信息服务业对长三角两省一市
装备制造业及制造业都有正向影响，但是不显著。上海交通运输、仓储及
邮政业和金融保险业不但对上海装备制造业和制造业有显著的负向影响，
而且对江苏、浙江及长三角整体装备制造业和制造业有显著的负向影响，
其中对装备制造业的负向影响稍小。从总体来看，上海交通运输、仓储及
邮政业和金融保险业比较发达，但是，对上海、江苏、浙江以及长三角装
备制造业劳动生产率有负向影响。原因可能是虽然长三角一体化正在逐步
深化，但是各地行政割据仍很明显，地方政府政绩竞争也限制了长三角一
体化进程。另外，由于长三角地区物流费用比较高，再加上近几年装备制
造业获得的金融贷款大多进入房地产领域，最终导致上海交通运输、仓储
与邮政业和金融保险业对长三角各地区装备制造业劳动生产率影响不大。

因此，长三角两省一市政府应该在《长三角区域规划》指导下，尽快消除各地区之间的行政壁垒，促进各地区之间要素的自由流动，让市场在资源配置中起决定性作用。在长三角一体化进程中，通过合理的区域协调机制促进地区之间的产业分工与合作，通过适当的利益共享机制促进生产性服务向上海集聚，制造业向上海周边的江苏和浙江集聚。在长三角一体化背景下，通过各种措施，引导上海的生产性服务不但促进其自身装备制造业的升级，也能促进周边江苏和浙江装备制造业的升级。

第一，上海要继续调整产业结构，促进生产性服务业的发展。上海要通过各种税收、奖励等措施引导制造业分离发展生产性服务，生产性服务企业应该进行兼并重组进行横向一体化经营，在此基础上承接国际生产性服务外包和生产性服务 FDI，使上海的地区总部经济得到充分发展，通过这些方式来做大做强生产性服务业。

第二，近几年来由于房地产市场的"高温"，装备制造业企业纷纷涉足房地产领域，金融投资渐渐远离装备制造业核心竞争力的提升。因此，政府要继续深化国有装备制造业企业的投融资体制改革，建立自负盈亏的现代企业制度。通过多种方式使企业剥离非核心业务，专注于自身核心竞争力的提升，并使金融服务投资实体经济领域。另外，政府还要打破金融行业的国有资本垄断地位，鼓励民营资本涉足金融领域，为民营金融业发展营造良好环境，促进金融行业自由竞争。

第三，由于长三角物流费用比较高，长三角交通运输、仓储和邮政业与制造业没有形成良好的互动关系。因此，长三角制造业企业要打破交通运输行业的垄断地位，鼓励民间资本和外资参与，加强物流行业的充分竞争。装备制造企业应该增加现代物流意识，认识第三方物流的重要作用。制造业企业要积极专注于核心业务，积极外包物流服务，通过第三方物流降低生产运营成本和节约物流时间。政府要引导和支持物流协会等中介组织，充分发挥制定行业标准、进行市场监管等组织协调作用，创建良好的市场环境及降低交易成本。同时，第三物流企业还要充分利用现代信息技术，加强物流服务与信息技术融合，从而满足即时物流的要求。

第四，由于上海的信息服务业、商务服务业、研发服务业和批发与零售业促进了上海、江苏、浙江以及长三角整体装备制造业效率的提升。因此，上海更应该发挥自己优势，努力营造良好的商务环境，打造长三角生产性服务业中心地位。长三角各地区政府应该放松行业之间的进入壁垒，打破信息技术行业的垄断地位，促进信息技术与其他各行业的有机融合；商务服务业是制造业发展的润滑剂，通过发展商务服务业促进长三角的专业化分工，从而带动长三角各地区装备制造业效率提升；上海要充分利用自己的技术和人才优势，打造公共科技服务平台，为各类制造企业提供研发服务；上海还应该充分利用其国际贸易中心地位，促进长三角及中国各地区装备制造业产品流通，加强制造企业和消费者市场的联系。

第七章　主要结论及政策建议

第一节　主要结论

第一，生产性服务脱胎于制造业尤其是装备制造业，随着分工和专业化的发展，生产性服务业将逐步与装备制造业分离而独立发展。由于中国的市场交易环境不完善，交易成本比较大，导致中国装备制造业分离发展生产性服务业动力不足。装备制造业是一个国家的工业基础和"母机"，装备制造业自主创新能力反映了一个国家的综合国力。虽然中国装备制造业近年来发展非常迅速，但是，核心零部件以及高端技术设备等自主创新能力依然落后。虽然加工贸易发展模式带来了中国的"出口奇迹"，却抑制了中国本土装备制造业的技术能力和市场能力。

另外，新中国成立以来中国装备制造业实行"大而全"、"小而全"的经营发展模式，生产性服务一般内置于装备制造企业，甚至部分装备制造企业还自建自己的车队、物流体系等。中国装备制造企业"自给自足"的发展模式限制了分工和专业化发展，约束了装备制造企业的"核心能力"，并抑制了中国生产性服务业的专业化发展。随着装备制造业产业规模的逐步扩大，垂直一体化的科层经营模式带来了种种弊端，按照斯密的"市场规模限制劳动分工"原理，企业垂直一体化的经营模式将会逐步解体，装备制造企业的生产性服务价值链环节也将逐步外化。但是，由于长期以来中国计划经济体制的延续，中国的市场交易环境还不完善。由于信用体系不健全、法律纠纷不能得到有效的处理导致契约维护成本很高，从而导致中国的市场交易成本很大。在市场失灵情况下，政府的财政政策促进了生产性服务与装备制造业的垂直分离。

第二，通过对 1997 年、2002 年和 2007 年中国投入产出表的比较计算，中国装备制造业和生产性服务业的比重总体还很低，中国装备制造业和生产性服务业占总产出比重只有 14%—20%。2002—2007 年，中国生产性服务业比重大幅下降，而装备制造业比重上升，生产性服务业与装备制造业的发展不协调；2002—2007 年，中国装备制造业增加值率大幅下降；1997—2007 年，中国装备制造业发展主要靠物质性投入并大幅上升，生产性服务业投入严重不足并大幅度下降。中国装备制造业的发展依然依赖于高耗能的粗放式发展，科技服务等生产性服务投入严重不足；中国资本和技术密集型装备制造业对生产性服务业中间需求率很低。2002—2007 年，中国装备制造业对研究与发展业和综合技术服务业中间需求增长很快，对信息传输、计算机服务及软件业的中间需求率大幅下降。装备制造业具有很强的前向关联效应和后向关联效应，传统生产性服务业如交通运输及仓储业、批发及零售业和金融业的前向关联效应比较大。

通过对经济合作与发展组织投入产出数据库中七国集团国家和"金砖五国"中的印度、巴西和中国 21 世纪头十年中期投入产出表的数据比较可以看出，中国经济中物质投入比重高于发达国家，而生产性服务投入比重低于发达国家，说明中国正处于工业化快速发展阶段，固定资产投资等基础设施建设对拉动中国经济发展具有重要的作用；由于物质投入比重比较高，中国国民经济增加值率远低于发达国家；装备制造业对生产性服务业各细分行业的需求高于发达国家，而中国装备制造业的生产性服务投入低于发达国家，说明中国生产性服务业与装备制造业的融合程度比较低。装备制造业各细分行业影响力系数高于发达国家；中国生产性服务业中研究与发展业和其他商务服务业的影响力系数远高于发达国家，而感应度系数远低于发达国家。

第三，中国国内研发资本投入对技术进步有一定抑制作用，主要原因在于研发投入不足和研发投入结构不合理以及体制弊端。进口零部件等中间品获得的国外研发资本溢出对我国技术进步的影响最大，中间品进口的竞争效应、示范效应和产业关联效应促进了我国企业的技术进步。成套机器设备进口对中国技术进步有显著的负向影响，原因可能是虽然从国外进口的机器设备本身技术含量比较高，但进口到国内主要用于投资，从而转化为固定资本，劳动力不需要了解其中技术而只需会操作即可。另外，进口的机器设备对中国本土装备制造业产生了一定的挤压，抑制了本土装备制造业发展。中国改革开放以来大量引进外资，外国直接投资对中国技术进步有显著的正向影响。外国直接投资弥补了中国建设资金的不足，带来了先进技术和管理经验。因此，在短期内政府应该鼓励成套机器设备进口，加速国内陈旧设备的更新，增加国内资本积累；长期应该提高科研经费投入和效率，鼓励本土装备制造业的自主创新，突破"为出口而进口"的被动贸易模式。①

通过对 2003—2011 年中国 30 个省市自治区生产性服务业各细分行业对装备制造业劳动生产率影响的面板计量分析可以看出，物流服务业对装备制造业劳动生产率提升具有负向影响，2012 年，中国物流总费用为 9.4 万亿元，其占 GDP 的比例约为 18%，巨大的运输成本和库存成本降低了装备制造业的劳动生产率；随着信息通信技术的进步和更新换代的频繁，企业逐渐把内置信息服务剥离，寻求更加专业化的外部信息服务商，以降低成本和提高效率；金融服务投入增加也可以提高装备制造业的资金周转速度，并能提升装备制造业的营运能力。商务服务的深入发展可以降低装备制造业交易成本，获得专业化服务，并能提升装备制造业效率；随着社会竞争程度的加剧和技术更新速度变化，企业内部研发机构已远不能满足装备制造业提升技术的要求，外部专业化的研发服务平台可以给其提供专业化研发服务。但是研发服务需要一定的周期成果才会显现，因此，滞后 1 期的研发服务可以提升装备制造业的劳动生产率。

第四，随着长三角一体化正式上升为国家战略，长三角地区产业分工日渐明确。由于跨国公司和国内大型企业纷纷把地区总部转移到上海，上海正逐渐发展成为世界级中心城市，其所具有的贸易、航运、金融以及经济功能使上海从中国单一的制造业中心转变成为带动长三角经济发展的辐射中心。而上海周边的江苏和浙江等省也主动参与长三角产业分工，这些地区先进制造基地的特征越发明显。上海已经成为长三角生产性服务业集聚地，上海的生产性服务业不但为上海的装备制造业服务，也为上海周边的江苏和浙江装备制造业提供服务。由此，上海形成了生产性服务业与装备制造业的双重集聚地，而江苏和浙江利用自己的资源优势逐渐成为长三角制造业集聚地区。

通过对 2003—2011 年上海生产性服务业细分行业数据对长三角两省

① 参见楚明钦、陈启斐《中间品进口，技术进步与出口升级》，《国际贸易问题》2013 年第 6 期。

一市装备制造业面板计量分析可以看出，上海研发服务业和批发零售业不但对上海装备制造业及制造业有显著正向影响，对长三角整体以及江苏和浙江也都有显著正向影响。上海商务服务业对长三角两省一市制造业正向影响比装备制造业影响大，并且对制造业影响也很显著。上海信息服务业对长三角两省一市装备制造业及制造业都有正向影响，但是不显著。上海交通运输、仓储及邮政业和金融保险业不但对上海装备制造业和制造业有显著负向影响，而且对江苏、浙江及长三角整体装备制造业和制造业有显著负向影响，其中对装备制造业负向影响稍小。

从总体上看，上海交通运输、仓储及邮政业和金融保险业相对比较发达，但是对上海、江苏、浙江以及长三角装备制造业劳动生产率有负向影响。原因是长三角一体化虽然正在逐步深化，但是各地行政割据现象仍很明显，地方政府政绩竞争也抑制了长三角一体化进程。另外，长三角地区物流费用比较高，再加上近几年来装备制造业获得的金融贷款大多进了房地产领域，最终导致上海交通运输、仓储与邮政业和金融保险业对长三角各地区装备制造业劳动生产率影响不大。

第二节 政策建议

一 中国装备制造业分离发展生产性服务业的建议

按照"市场规模限制劳动分工"原理，当某一产业规模较小时，会实行垂直一体化经营模式，生产性服务一般内置于装备制造企业。市场规模扩大时，企业会从市场购买专业化生产性服务。但是从市场购买专业化的生产性服务又会带来一定的交易成本，而交易成本的高低一定程度受市场化程度影响。生产性服务与装备制造业分离还需要固定资产投资，即一定的"沉没成本"。另外，由于中国计划经济体制下对"服务业"不创造价值观念的束缚，从而导致装备制造业不愿意从外部购买生产性服务。

改革开放以来，中国大量引进外商直接投资，外商直接投资企业一般具有明显的垂直专业化特征，外商直接投资企业的分工与专业化经营模式带来的经营效率明显高于国内企业，给中国装备制造企业带来了示范效应。一般来说，随着市场化程度的深入发展，装备制造企业会自发分离发展生产性服务业，但是，目前由于中国市场化程度不足以使生产性服务从装备制造企业分离，因此，还需要政府通过税收、法律等政策进行支持。中国装备制造业分离发展生产性服务业应该主要从以下几个方面着手。

（一）装备制造企业应该通过自主创新提升产业规模

由于 20 世纪 90 年代以来，中国装备制造业的发展主要是通过"为出口而进口"的代工模式实现的，但是，大量进口国外零部件和机器设备抑制了中国装备制造业的发展。虽然近年来中国成套机器设备出口数量猛增，但是中国"为出口而进口"的贸易发展模式仍然没有改变，中国只是从进口机器设备出口消费品向进口零部件出口机器设备转变（楚明钦，2013）。虽然中国进口零部件在短期内能获得一定的技术溢出，但是，中国获得的只是国外发达国家产业生命周期末端的二三流技术。如果长期靠进口零部件获得技术溢出，势必形成技术依赖，将会使关键技术的研发动力缺失，限制内资企业的自主创新。大量进口零部件还会使我国东中西部专业化分工与要素循环机制失去效用。大规模进口零部件将使关键技术受制于人，阻碍中国向 GVC 高端延伸。

因此，中国装备制造业应该实行进口替代战略，政府应该在最大限度促进零部件进口技术溢出基础上引导国内企业加强零部件产品自主创新能力建设，提升中国本土企业的零部件生产的质量和工艺，提升零部件的本土采购率，走出中国核心零部件过分依赖国外企业的困境。同时短期内政府应该鼓励成套机器设备进口，加速国内陈旧设备的更新，增加国内资本积累；长期内应该提高科研经费的投入和效率，鼓励中国本土装备制造业的自主创新，突破"为出口而进口"的被动贸易模式。中国装备制造业在实行进口替代战略的同时应该进行横向并购，通过横向并购提升产业规模，通过产业规模的扩大促进专业化分工，进而促进生产性服务逐步与装备制造企业分离，分离后的生产性服务企业独立发展为专业化的生产性服务提供商，生产性服务企业通过契约关系不但可以为原装备制造企业提供生产性服务，也可以为其他企业提供专业化的生产性服务。装备制造企业在分离生产性服务价值链环节后，可以专注于自己的核心业务，从而实现规模经济，并通过专业化分工提升生产效率。

（二）通过降低交易成本，促进生产性服务与装备制造企业的分离

斯密在分析"市场规模限制劳动分工"的同时，也提出交易成本的概念。随着企业生产规模的扩大，生产性服务将逐渐与装备制造业垂直分离。但是专业化分工后，装备制造企业从外部购买专业化的生产性服务还

存在一定交易成本。科斯认为，交易成本主要包括事前的信息收集成本和事后的谈判以及维护契约成本等。威廉姆森在此基础上深化了交易成本理论，并从有限理性、资产专用性以及机会主义等方面对交易成本进行解释。而交易成本在很大程度上和市场化程度有关，政府应该通过转变政府职能，建立服务型政府，创造良好的市场交易环境，真正做到让市场在资源配置中起到决定性的作用，通过降低市场交易成本促进装备制造业分离发展生产性服务业。

政府应该简政放权，正确处理政府和市场的关系。政府应该转变政府职能，建立公共服务型政府，为建立社会主义市场经济体制提供制度框架。政府和市场的边界一定要明确，该由市场来解决的问题，政府不能插手。但是，市场也不是万能的，也会存在市场失灵，因此当市场失灵时可以通过政府调控来解决。政府应该侧重于建立良好的市场交易环境，规范和完善社会诚信体系的建立、维护良好的市场秩序，真正做到让市场在资源配置中起到决定性的作用。政府还应该破除各种行业壁垒，允许民间资本进入各种垄断性行业，促进国有企业和民营资本的充分竞争，引导各种非公有制经济的快速发展。政府应该充当政策的制定者以及政策的维护者角色，而不能同时兼任"运动员"的角色，同时政府还应该"藏富于民"，而不能"与民争利"。政府退出的领域，要充分发挥各种"行业协会"自律性作用，通过完善的法律体系保证消费者、生产者的合法权益。

（三）完善生产性服务业基础设施投资

计划经济体制下中国对生产性服务业重视程度不够，再加上新中国成立后中国重工业优先发展战略，中国固定资产投资绝大部分投向了装备制造业，而对生产性服务业的固定资产投资较少。发达国家生产性服务业基础设施投入已经比较完善，但是，中国装备制造业作为基础设施投入正处于快速增长期，导致中国生产性服务业的装备制造业投入明显高于发达国家和其他金砖国家。装备制造业是生产性服务业发展的母体，生产性服务业的发展需要以装备制造业为基础。例如，信息服务的投入需要有中转基站、发射卫星、接收设备等信息产业硬件基础设施投入；物流服务业需要有交通运输设备、铁路、公路、仓库等基础设施建设；研发服务投入需要有高技术含量的实验设备和器材等投入，由于中国实验器材满足不了实验的需求，也只能依赖进口。由于中国生产性服务业发展的根基还不完善，生产性服务独立发展过程中还需要更多固定资产投资和基础设施建设，中国生产性服务发展需要有漫长的道路要走。

（四）消除生产性服务业发展的政策性歧视

受计划经济体制下传统观念影响，人们认为服务业不创造价值，生产性服务一般内置于国民经济各部门。与此同时，政府还对服务业的发展设置了重重壁垒。例如，中国的金融行业、信息通信行业、交通运输等行业的市场进入门槛相当高，对外资的限制也非常苛刻，并且这些行业存在过多的行政审批环节，带来的结果是，生产性服务业的发展存在垄断和国有成分比重太高，导致市场竞争不充分，效率低下。首先，中国的服务业一般采用"营业税"征税方式，而制造业一般采取"增值税"征税方式。因此，原装备制造企业采用"增值税"方式进行缴税，但是，分离出来的生产性服务业要采用"营业税"征税方式，带来税基的增加，从而带来了服务业分离成本的增大，装备制造企业不愿意分离发展生产性服务业。其次，中国服务业用地与制造业用地的成本差别过大，生产性服务业一般集聚在城市 CBD，而装备制造业一般集聚在城市外围郊区，而城市CBD 用地成本明显高于郊区用地成本。最后，由于目前中国大多数企业的融资都需要担保或抵押，而装备制造企业外化出来的生产性服务企业能够给金融机构提供的抵押品太少，导致生产性服务企业融资成本比较高，这些政策性歧视都带来了装备制造企业不愿意分离发展生产性服务业。

因此，政府应该转变重视制造业而轻视服务业的发展理念，逐步消除或放宽生产性服务业的市场进入壁垒，引导民间资本或外国资本进入生产性服务业发展领域。政府可以通过法律、法规等政策限制某些行业不可以进入，其他的生产性服务行业均可有条件进入，通过市场机制引导充分竞争；政府要调整生产性服务业的征税方式，普遍推行"营业税"改"增值税"，适当降低生产性服务业各细分行业税率；完善服务业与制造业的用地制度，生产性服务业的用水和用地政策也进行并轨，通过各种方式降低生产性服务业的用水、用地以及用水成本；还要进行金融体制创新，完善生产性服务业发展的投融资体制，解决中小生产性服务企业的融资难问题。

（五）政府财政支持装备制造企业分离发展生产性服务业

目前，中国的市场化体系不健全，政府和市场的关系还没有理顺，政府该管的事情"缺位"，政府不该管的地方又插手太多，中央政府和地方政府的财权和事权分配不合理，社会的诚信体系没有建立，生产者和消费者的合法权益在很大程度上难以得到合理的维护，导致目前市场的交易成本比较高。此外，装备制造企业在分离发展生产性服务业过程中，生产性服务业固定资产投资，还会带来融资成本、用地成本和税收成本等分离成本。而随着市场化程度的提升，市场的交易成本将迅速下降，交易成本的下降将会促进装备制造企业从外部购买生产性服务，从而带来生产性服务与装备制造企业的垂直分离。

中国政府在着手构建完善的市场经济秩序、通过市场化手段降低交易成本的同时，在短期内还需要通过财政政策来扶持装备制造企业分离发展生产性服务业。例如，政府全面推行"营业税"改"增值税"后，必然带来地方政府税基的减少，由于税基减少可能会带来部分财政减少，而财政减少的部分可以看作政府对分离发展生产性服务业的支出。另外，政府对积极参与分离发展生产性服务业的装备制造企业，应该提供一定数量的奖励政策，并提供一定税收优惠、金融政策扶持等措施，而这些措施的实施都需要政府财政政策的支持。因此，在交易成本不足以促进装备制造企业分离发展生产性服务业的情况下，需要政府通过财政资金鼓励装备制造企业分离发展生产性服务业。

二 中国生产性服务与装备制造业融合发展的建议

（一）提升中国装备制造业与生产性服务业的产业关联度

通过对七国集团国家和"金砖五国"中的印度、巴西和中国 21 世纪头十年中期投入产出表进行计算可以看出，中国装备制造业对生产性服务的中间需求远高于发达国家和其他金砖国家，但是，中国装备制造业的生产性服务中间投入远低于这些国家，说明中国生产性服务业与装备制造业的融合程度很低。通过对 2002 年和 2007 年中国投入产出表的比较可以看出，2002—2007 年，中国装备制造业对研发服务业的中间需求大幅增加，但是对信息服务业和商务服务业的中间需求大幅下降。另外，在此期间，中国装备制造业各细分行业的生产性服务中间投入基本都大幅下降。20世纪 90 年代以来，中国引进了大量的制造业外商直接投资，但是制造业外商直接投资企业所需要的生产性服务投入一般也由国外提供，缺乏和国内生产性服务企业的产业关联效应。

长期以来，中国对服务业的发展不够重视，导致生产性服务业的发展存在各种体制性障碍，结果带来了中国生产性服务业的发展滞后，同时导致了装备制造业找不到合适的生产性服务提供商，并由此带来了装备制造业对生产性服务需求很高，但是装备制造业的生产性服务投入很低。因此，中国要提升生产性服务业与装备制造业的产业关联效应，装备制造企业在对生产性服务有大量需求的基础上进行业务流程再造，对内置生产性服务进行市场化、社会化运作，从而降低装备制造企业的运营成本。通过装备制造企业从外部购买专业化的生产性服务投入，提升生产性服务与装备制造业的融合程度，并通过知识密集、技术密集型的生产性服务投入，提升装备制造业的竞争力。

（二）促进生产性服务业自主创新

生产性服务一般脱胎于制造业，在生产性服务业发展初期，一般由制造企业内部提供，属于制造业价值链的非核心环节。随着分工和专业化的发展，生产性服务将逐渐与制造业分离成为独立的法人企业。但是，独立出来的生产性服务企业还需要进行自主创新，不断进行横向兼并联合，建立各种形式的战略联盟，从而形成规模经济。由于生产性服务具有比较高的人力资本和知识资本，而生产性服务企业人力资本主要体现在生产性服务企业从业人员所具备的专业知识储备以及其与目标客户之间的信息沟通上。生产性服务企业的正常运转需要健全的法律体系作保障，从而能够保障生产性服务从业人员职业道德水准以及在契约签订、维护和实施方面的严谨程度。在健全的法规体系之外，生产性服务行业协会在规范行业竞争秩序、行业发展规划、行业自我管理等方面起到重要补充作用。要正确处理行业协会与政府行政管理之间的关系，真正做到让市场在资源配置中起到决定性作用。此外，生产性服务企业应该树立品牌意识，在关键领域要建立知识产权体系并形成行业技术标准。通过生产性服务企业的自主创新，增强其产业转化能力，从而塑造生产性服务企业的核心竞争力。

（三）充分利用第三次工业革命的成果促进产业融合

2008年金融危机发生后，发达国家大规模提升了研发经费投入比例，推出了一系列提升先进制造技术和再工业化的战略措施。这些研发经费投入的成果将会不断涌现，将会加快第三次工业革命的步伐。技术进步将会向各行业渗透和融合，融合后的产品将进一步推动产业结构调整和开辟新的技术机会，从而带来技术进步和产业革命的交互螺旋式上升。在第三次工业革命推动下，物联网技术、"云计算"技术、新能源技术、新材料技术、人工智能技术等将不断取得突破，市场应用范围也会不断扩大。但是，由于中国计划经济体制下各行业之间壁垒的存在，生产性服务业与装备制造业的融合还存在一定的制度障碍。因此，政府需要作出一系列制度安排来降低行业之间的进入壁垒，放松各行业内部的各种规制，通过分工和专业化以及市场自由竞争促进生产性服务与装备制造业的融合。

中国工业化进程主要是"为出口而进口"的代工模式，中国进口国外先进的零部件和成套机器设备进行加工组装或生产，然后再把成品出口到国外发达国家，结果导致了中国本土机器设备制造企业的"技术能力"和"市场能力"受到挤压。因此，在第三次工业革命背景下，中国机器设备制造企业应该实行"进口替代"战略，充分利用第三次工业革命的成果来促进中国装备制造企业自主创新能力提升。另外，第三次工业革命的重要技术特征之一是数字化制造，而数字化属于信息技术，信息技术不但会渗透到制造业各个领域，还会渗透到生产性服务业各细分行业领域。因此，中国应该充分利用第三次工业革命的成果，加速信息技术与生产性服务各细分行业的融合，进而促进生产性服务业各细分行业与装备制造业的融合发展。

（四）加强生产性服务与装备制造业的跨区域分工与融合

按照新经济地理学的中心—外围理论，生产性服务业将集聚在城市中心 CBD 地区，装备制造业将集聚在城市郊区，从而完成生产性服务业与装备制造业产业链的集聚与分工模式。通过区域经济一体化可以加快区域内生产要素以及产品的自由流动、降低交易成本、增加贸易量、促进区域内经济的分工与合作。中国已经出现长三角、京津冀和珠三角等多个城市群，城市群内部的产业分工与协作也是区域产业融合的重要内容。例如，长三角地区已经形成了生产性服务业与装备制造业的跨区域产业集聚，上海成为长三角地区生产性服务业与装备制造业的集聚地区，江苏和浙江成为长三角装备制造业的集聚地区。上海的生产性服务业不仅为上海的装备制造业提供服务，还为周边的江苏以及浙江的装备制造业提供服务。长三角地区生产性服务业与装备制造业的集聚与分工模式可以按照当地的具体情况推广到其他城市群，例如，北京发达的生产性服务业可以为周边京津冀装备制造业提供服务，香港特区的生产性服务业可以为珠三角装备制造业提供服务。因此，区域内地方政府之间要加强协调和沟通、减少地区之间的行政壁垒、促进地区之间基础设施的互联和共享，通过地区之间生产要素的自由流动降低交易成本，从而促进生产性服务业与装备制造业的跨区域融合。

参考文献

[1] 奥利弗·E. 威廉姆森:《资本主义经济制度——论企业签约与市场签约》,商务印书馆 2002 年版。

[2] 北京大学中国经济研究中心课题组:《中国出口贸易中的垂直专业化与中美贸易》,《世界经济》2006 年第 5 期。

[3] 曹毅、申玉铭、邱灵:《天津生产性服务业与制造业的产业关联分析》,《经济地理》2009 年第 29 卷第 5 期。

[4] 陈爱贞、刘志彪、吴福象:《下游动态技术引进对装备制造业升级的市场约束——基于我国纺织缝制装备制造业的实证研究》,《管理世界》2008 年第 1 期。

[5] 陈爱贞、刘志彪:《决定我国装备制造业在全球价值链中地位的因素——基于各细分行业投入产出实证分析》,《国际贸易问题》2011 年第 4 期。

[6] 陈爱贞、陈明森:《中国装备制造业加入全球竞争的传统模式与突破路径》,《亚太经济》2009 年第 5 期。

[7] 陈爱贞、刘志彪:《FDI 制约本土设备企业自主创新的分析——基于产业链与价值链双重视角》,《财贸经济》2008 年第 1 期。

[8] 陈爱贞、钟国强:《中国装备制造业"为出口二进口"是否发生了演变》,《亚太经济》2012 年第 5 期。

[9] 陈爱贞:《中国装备制造业自主创新的制约与突破——基于全球价值链的竞争视角分析》,《南京大学学报》(哲学·人文科学·社会科学)2008 年第 1 期。

[10] 陈菲:《服务外包与服务业发展》,经济科学出版社 2009 年版。

[11] 陈柳钦:《产业融合的发展动因、演进方式及其效应分析》,《西华大学学报》(哲学社会科学版)2007 年第 4 期。

[12] 陈启斐、刘志彪:《反向服务外包对我国制造业价值链提升的实证

分析》,《经济学家》2013 年第 11 期。

[13] 陈艳莹、王周玉:《生产性服务业外商直接投资的影响因素——中国省份面板数据的实证研究》,《产业经济研究》2011 年第 4 期。

[14] 程大中:《中国服务业的增长与技术进步》,《世界经济》2003 年第 7 期。

[15] 程大中:《中国服务业增长的特点、原因及影响——鲍莫尔—富克斯假说及其经验研究》,《中国社会科学》2004 年第 2 期。

[16] 程大中:《中国生产性服务业的水平、结构及影响——基于投入产出法的国际比较研究》,《经济研究》2008 年第 1 期。

[17] 程大中:《中美服务部门的产业内贸易及其影响因素分析》,《管理世界》2008 年第 9 期。

[18] 楚明钦、陈启斐:《中间品进口,技术进步与出口升级》,《国际贸易问题》2013 年第 6 期。

[19] 楚明钦、丁平:《中间品、资本品进口的研发溢出效应》,《世界经济研究》2013 年第 4 期。

[20] 楚明钦:《生产性服务与装备制造业融合程度的国际比较——基于 OECD 投入产出表的分析》,《国际经贸探索》2014 年第 2 期。

[21] 楚明钦:《装备制造业与生产性服务业的产业关联研究——基于中国投入产出表的比较分析》,《中国经济问题》2013 年第 3 期。

[22] 戴翔、张二震:《中间产品进口、出口多样化与贸易顺差——理论模型及对中国的经验分析》,《国际经贸探索》2010 年第 7 期。

[23] 段一群、李东、李廉水:《中国装备制造业的金融支持效应分析》,《科学学研究》2009 年第 3 期。

[24] 樊纲、王小鲁等:《中国市场化指数——各地区市场化相对进程 2011 年报告》,经济科学出版社 2011 年版。

[25] 樊文静:《生产性服务业发展的需求因素:产业互动视角的理论分析》,博士学位论文,浙江大学,2013 年。

[26] 樊秀峰、韩亚峰:《生产性服务贸易对制造业生产效率影响的实证研究——基于价值链视角》,《国际经贸探索》2012 年第 5 期。

[27] 方希桦、包群、赖明勇:《国际技术溢出:基于进口传导机制的实证研究》,《中国软科学》2004 年第 7 期。

[28] 高传胜、刘志彪:《生产者服务与长三角制造业集聚和发展——理

论、实证与潜力分析》，《上海经济研究》2005 年第 8 期。

[29] 高传胜、李善同：《经济服务化的中国悖论与中国推进经济服务化的战略选择》，《经济经纬》2007 年第 4 期。

[30] 高传胜：《生产者服务与制造业互动发展：经济增长新动力》，《现代经济探讨》2006 年第 1 期。

[31] 高觉民、李晓慧：《生产性服务业与制造业的互动机理：理论与实证》，《中国工业经济》2011 年第 6 期。

[32] 顾乃华、毕斗斗、任旺兵：《生产性服务业与制造业互动发展：文献综述》，《经济学家》2006 年第 6 期。

[33] 顾乃华、毕斗斗、任旺兵：《中国转型期生产性服务业发展与制造业竞争力关系研究》，《中国工业经济》2006 年第 9 期。

[34] 顾乃华、夏杰长：《生产性服务业崛起背景下鲍莫尔—富克斯假说的再检验——基于中国 236 个样本城市面板数据的实证分析》，《财贸研究》2010 年第 6 期。

[35] 郭庆旺、贾俊雪：《中国全要素生产率的估算：1979—2004》，《经济研究》2005 年第 6 期。

[36] 洪联英、刘解龙：《我国垂直专业化发展进程评估及其产业分布特征》，《中国工业经济》2009 年第 6 期。

[37] 胡晓鹏：《全球化陷阱：中国现代服务业外资排斥效应研究》，《国际贸易问题》2012 年第 11 期。

[38] 黄繁华、程佳、王晶晶：《长三角地区生产性服务业集聚实证研究》，《南京邮电大学学报》（社会科学版）2011 年第 13 卷第 4 期。

[39] 黄莉芳、黄良文、郭玮：《生产性服务业对制造业前向和后向技术溢出效应检验》，《产业经济研究》2011 年第 3 期。

[40] 黄莉芳：《中国生产性服务业嵌入制造业关系研究——基于投入产出表的实证分析》，《中国经济问题》2011 年第 1 期。

[41] 黄群慧、贺俊：《"第三次工业革命"与中国经济发展战略调整》，《中国工业经济》2013 年第 1 期。

[42] 黄先海、石东楠：《对外贸易对我国全要素生产率影响的测度与分析》，《世界经济研究》2005 年第 1 期。

[43] 霍景东、黄群慧：《影响工业服务外包的因素分析——基于 22 个工业行业的面板数据分析》，《中国工业经济》2012 年第 12 期。

[44] 霍景东、吴家森：《在岸服务外包的发展趋势及对策研究》，《广东商学院学报》2009 年第 3 期。

[45] 江静、刘志彪、于明超：《生产者服务业发展与制造业效率提升：基于地区和行业面板数据的经验分》，《世界经济》2007 年第 8 期。

[46] 江静、刘志彪：《商务成本：长三角产业分布新格局的决定因素考察》，《上海经济研究》2006 年第 11 期。

[47] 江静、刘志彪：《生产性服务发展与制造业在全球价值链中的升级——以长三角地区为例》，《南方经济》2009 年第 10 期。

[48] 江小涓、李蕊：《FDI 对中国工业增长和技术进步的贡献》，《中国工业经济》2002 年第 7 期。

[49] 杰里米·里夫金：《第三次工业革命——新经济模式如何改变世界》，张体伟等译，中信出版社 2012 年版。

[50] 金润圭、查贵勇、王浩：《跨国公司地区总部与上海经济发展》，《国际商务研究》2005 年第 4 期。

[51] 孔德洋、徐希燕：《生产性服务业与制造业互动关系研究》，《经济管理》2008 年第 12 期。

[52] 孔婷、孙林岩、冯泰文：《生产性服务业对制造业效率调节效应的实证研究》，《科学学研究》2010 年第 28 卷第 3 期。

[53] 李美云：《国外产业融合研究新进展》，《外国经济与管理》2005 年第 27 卷第 12 期。

[54] 李文秀、夏杰长：《基于自主创新的制造业与服务业融合：机理与路径》，《南京大学学报》（哲学、人文与社会科学版）2012 年第 2 期。

[55] 李小平、朱钟棣：《国际贸易、R&D 和生产率增长》，《经济研究》2006 年第 2 期。

[56] 刘秉镰、林坦：《制造业物流外包与生产率的关系研究》，《中国工业经济》2010 年第 9 期。

[57] 刘秉镰、刘玉海：《交通基础设施建设与中国制造业企业库存成本降低》，《中国工业经济》2011 年第 5 期。

[58] 刘丹鹭、岳中刚：《逆向研发外包与中国企业成长——基于长江三角洲地区自主汽车品牌的案例研究》，《产业经济研究》2011 年第 4 期。

[59] 刘洪钟、齐震：《中国参与全球生产链的技术溢出效应分析》，《中国工业经济》2012 年第 1 期。

[60] 刘明宇、芮明杰、姚凯：《生产性服务价值链嵌入与制造业升级的协同演进关系研究》，《中国工业经济》2010 年第 8 期。

[61] 刘书瀚、贾根良、刘小军：《出口导向型经济：我国生产性服务业落后的根源与对策》，《经济社会体制比较》2011 年第 3 期。

[62] 刘志彪、吴福象：《全球化经济中的生产非一体化——基于江苏投入产出表的实证研究》，《中国工业经济》2005 年第 7 期。

[63] 刘志彪：《发展现代生产者服务业与调整优化制造业结构》，《南京大学学报》（哲学·人文科学·社会科学）2006 年第 5 期。

[64] 刘志彪：《论现代生产者服务业发展的基本规律》，《中国经济问题》2006 年第 1 期。

[65] 刘志彪：《我国东部沿海地区外向型经济转型升级与对策思考》，《中国经济问题》2010 年第 1 期。

[66] 沈坤荣：《外国直接投资与中国经济增长》，《管理世界》1999 年第 5 期。

[67] 刘志彪等：《长三角区域经济一体化》，中国人民大学出版社 2010 年版。

[68] 柳坤、申玉铭、张旺：《基于投入产出法的中国生产性服务业变化特征》，《首都师范大学学报》（自然科学版）2012 年第 33 卷第 4 期。

[69] 卢锋：《产品内分工》，《经济学》（季刊）2004 年第 4 卷第 1 期。

[70] 吕政、刘勇、王钦：《中国生产性服务业发展的战略选择——基于产业互动的研究视角》，《中国工业经济》2006 年第 8 期。

[71] 路红艳：《生产性服务业与制造业结构升级——基于产业互动、融合的视角》，《财贸经济》2009 年第 9 期。

[72] 马健：《产业融合理论研究评述》，《经济学动态》2002 年第 5 期。

[73] 马健：《信息产业融合与产业结构升级》，《产业经济研究》2003 年第 2 期。

[74] 孟雪：《反向服务外包对我国生产率的影响——生产性服务业的实证分析》，《国际贸易问题》2011 年第 7 期。

[75] 牛艳华：《国际商务服务业发展特点及经验启示》，《科技情报开发

与经济》2010 年第 19 期。

[76] 钱德勒：《规模经济与范围经济：工业资本主义的原动力》，张逸人译，华夏出版社 2006 年版。

[77] 邱灵、申玉铭、任旺兵：《国内外生产性服务业与制造业互动发展的研究进展》，《世界地理研究》2007 年第 9 期。

[78] 申玉铭、邱灵等：《中国生产性服务业产业关联效应分析》，《地理学报》2007 年第 62 卷第 8 期。

[79] 沈坤荣、耿强：《外国直接投资、技术外溢与内生经济增长——中国数据的计量检验与实证分析》，《中国社会科学》2001 年第 5 期。

[80] 施蒂格勒：《产业组织与政府管制》，潘振民译，上海人民出版社、上海三联书店 1998 年版。

[81] 斯密：《国富论》，杨敬年译，陕西人民出版社 2001 年版。

[82] 唐玲：《国际外包率的测量及行业差异——基于中国工业行业的实证分析》，《国际贸易问题》2009 年第 8 期。

[83] 唐强荣等：《生产性服务业与制造业共生发展模型及实证研》，《南开管理评论》2009 年第 12 卷第 3 期。

[84] 田华泉、张祥建：《生产性服务业的集群化发展模式与形成机理——基于伦敦和纽约的比较》，《上海经济研究》2010 年第 9 期。

[85] 佟家栋：《关于我国进口与经济增长关系的探讨》，《南开学报》1995 年第 3 期。

[86] 汪德华等：《生产性服务业与制造融合对制造业升级的影响——基于北京市与长三角地区的比较分析》，《首都经济贸易大学学报》2010 年第 2 期。

[87] 王冬、吕延方：《交易环境属性、主体特征与纵向一体化》，《中国工业经济》2012 年第 1 期。

[88] 王诏怡：《生产性服务进口、FDI 与制造业生产率——基于行业面板数据的实证研究》，《首都经济贸易大学学报》2003 年第 1 期。

[89] 魏浩、王露西等：《中国制成品出口比较优势及贸易结构研究》，《经济学》（季刊）2011 年第 4 期。

[90] 巫强、刘志彪等：《扩大内需条件下长三角提高对外开放水平的新战略选择》，《上海经济研究》2011 年第 10 期。

[91] 巫强、刘志彪：《中国沿海地区出口奇迹的发生机制分析》，《经济

研究》2009 年第 6 期。

[92] 巫强：《为出口而进口：非对称战略的背景、内在机制和外在冲突》，《南大商学评论》2007 年第 3 期。

[93] 吴福象：《经济全球化中制造业垂直分离研究》，《财经科学》2005 年第 3 期。

[94] 吴福象：《跨国公司制造业垂直分离》，南京大学出版社 2009 年版。

[95] 伍青生等：《经济增长因素分析的改进模型及实证研究》，《上海交通大学学报》2001 年第 6 期。

[96] 夏长杰等：《制造业的服务化和服务业的知识化》，《国外社会科学》2007 年第 4 期。

[97] 肖建忠、付宏：《面向中小企业的社会化服务体系的发展：来自商务服务业的证据》，《宏观经济研究》2010 年第 10 期。

[98] 肖文、樊文静：《产业关联下的生产性服务业发展——基于需求规模和需求结构的研究》，《经济学家》2011 年第 6 期。

[99] 肖文、林高榜：《海外研发资本对中国技术进步的知识溢出》，《世界经济》2011 年第 1 期。

[100] 谢建国、周露昭：《进口贸易、吸收能力与国际 R&D 技术溢出：中国省区面板数据的研究》，《世界经济》2009 年第 9 期。

[101] 徐毅、张二震：《外包与生产率：基于工业行业数据的经验研究》，《经济研究》2008 年第 1 期。

[102] 徐雨森、张延：《大都市圈生产性服务业中心效应实证研究——以长江三角洲为例》，《城市问题》2011 年第 11 期。

[103] 宣烨：《生产性服务业空间集聚与制造业效率提升——基于空间外溢效应的实证研究》，《财贸经济》2012 年第 4 期。

[104] 杨仁发、刘纯彬：《生产性服务业与制造业融合背景的产业升级》，《改革》2011 年第 1 期。

[105] 杨玉英：《中国生产性服务业发展战略》，经济科学出版社 2010 年版。

[106] 于刃刚、李玉红等：《产业融合论》，人民出版社 2006 年版。

[107] 喻春娇、郑光凤：《湖北省生产性服务业与制造业的互动发展程度分析》，《经济地理》2010 年第 30 卷第 11 期。

[108] 原毅军等：《技术关联下生产性服务业与制造业的研发博弈》，《中

国工业经济》2007 年第 11 期。

[109] 原毅军、刘浩：《中国制造业服务业外包与服务业劳动生产率的提升》，《中国工业经济》2009 年第 5 期。

[110] 约翰·克劳奈维根：《交易成本经济学及其超越》，上海财经大学出版社 2002 年版。

[111] 张灏瀚等：《长江三角洲一体化进程研究——发展现状、障碍与趋势》，社会科学文献出版社 2007 年版。

[112] 张会清、唐海燕：《产品内国际分工与中国制造业技术升级》，《世界经济研究》2011 年第 6 期。

[113] 张如庆：《生产者服务进口对制成品出口技术结构的影响》，《产业经济研究》2012 年第 5 期。

[114] 张宇馨：《制造业 FDI 与服务业 FDI 互动机制及对我国引资的启示》，《对外经济贸易大学学报》（国际商务版）2011 年第 6 期。

[115] 郑凯捷：《分工与产业结构发展——从制造经济到服务经济》，复旦大学出版社 2008 年版。

[116] 植草益：《信息通讯业的产业融合》，《中国工业经济》2001 年第 2 期。

[117] 周世军、岳朝龙：《"工业企业分离发展服务业"为何难以推进?》，《经济体制改革》2011 年第 4 期。

[118] 周振华：《产业融合：产业发展及经济增长的新动力》，《中国工业经济》2003 年第 4 期。

[119] 周振华：《信息化进程中的产业融合研究》，《经济学动态》2002 年第 6 期。

[120] 周志丹：《信息服务业与制造业融合互动研究》，《浙江社会科学》2012 年第 2 期。

[121] 朱振锴、项歌德：《高技术产业增加值率偏低原因探析——以上海、江苏和浙江比较为例》，《中国科技论坛》2013 年第 4 期。

[122] 邹文杰、张文刚：《北京高技术产业研发转化效率实证研究——基于随机前沿生产函数的分析》，《北京邮电大学学报》（社会科学版）2012 年第 6 期。

[123] Abraham, K. G. , Taylor, S. K. ,"Firms' Use of Outside Contractors: Theory and Evidence", *Journal of Labor Economics*, Vol. 14, No. 3,

1996: 394 - 424.

[124] Amesse, F. , Latour, R. , Rebolledo, C. ,"The Telecommunications Equipment Industry in the 1990s: From Alliances to Merges and Acquisitions", *Technovation*, No. 24, 2004: 885 - 897.

[125] Amiti, M. and Wei, "Fear of Service Outsourcing: Is It Justified?", *Economic Policy*, No. 4, 2005: 307 - 347.

[126] Arndt, S. W. ,"Globalization and the Open Economy", *The North American Journal of Economics and Finance*, Vol. 8, No. 1, 1997: 71 - 79.

[127] Arnold, J. M. , Mattoo, A. , Narciso, G. , "Services Inputs and Firm Productivity in Sub - Saharan Africa: Evidence from Firm - Level Data", *Journal of African Economies*, Vol. 17, No. 4, 2008: 578 - 599.

[128] Arrow, K. J. ,"The Economic Implications of Learning by Doing", *The Review of Economic Studies*, Vol. 29, No. 3, 1962: 155 - 173.

[129] Arrow, K. J. ,"The Division of Labor in the Economy, the Polity, and Society", *The Return to Increasing Returns*, No. 69, 1994.

[130] Balassa, B. A. ,"Trade Liberalization among Industrial Countries: Objectives and alternatives", *Council on Foreign Relations*, 1967.

[131] Baumol, W. , Panzar, J. , Willig, R. ,"Contestable Markets and the Theory of Market Structure", Nueva York, Harcourt Brace Javanovich, Inc, 1982.

[132] Becker Gary, Murphy Kevin, "The Division of Labor, Coordination Costs, and Knowledge", *The Quarterly Journal of Economics*, Vol. 107, No. 4, 1992: 1137 - 1160.

[133] Bell, D. ,"*The Coming of Post - industrial Scoiety*", Heinemann Educational Books Ltd. , 1974.

[134] Bettis, R. A. ,"Commentary on ' Redefining Industry Structure for the Information Age' by Sampler J. L. ", *Strategic Management Journal*, Vol. 19, No. 4, 1998: 357 - 361.

[135] Bonanno and Vickers,"Vertical Separation", *Journal of Industrial Economics*, Vol. 36, No. 3, 1988: 257 - 265.

[136] Bridgman, B. ,"The Rise of Vertical Specialization Trade", *Journal of International Economics*, Vol. 86, 2012: 133 - 140.

[137] Browning, H. L. , Singelmann, J. , "The Emergence of a Service Society: Demographic and Sociological Aspects of the Sectoral Transformation of the Labor Force in the USA", 1975.

[138] Bryce, D. J. , Winter, S. G. A. , "General Inter – industry Relatedness Index", *Management Science*, Vol. 55, No. 9, 2009: 1570 – 1585.

[139] Clark, C. , "*The Conditions of Economic Progress*", London: MacMillan & Co. Ltd. , 1940.

[140] Clemons, E. K. , Row, M. C. , "Information Technology and Industrial Cooperation: the Changing Economics of Coordination and Ownership", *Journal of Management Information Systems*, 1992: 9 – 28.

[141] Coase, R. H. , "The Nature of the Firm", *Economics*, No. 4, 1937: 386 – 405.

[142] Coe, D. T. , "Helpman, E. , International R&D Spillovers", *European Economic Review*, Vol. 39, 1995: 859 – 887.

[143] Coe, D. T. , "Helpman, E. , Hoffmaister A. W. North – South R&D Spillovers", *Economic Journal*, Vol. 107, 1997: 134 – 149.

[144] Daniels, P. W. , *Service Industries: Growth and Location*, Cambridge: Cambridge University Press, 1982.

[145] Dosi, G. , Orsenigo, L. , *Industrial Structure and Technical Change. Innovation, Technology and Finance*, Oxford: Basil Blackwell, 1988: 14 – 37.

[146] Dowling, M. J. , Ruefli, T. W. , "Technological Innovation as a Gateway to Entry: The Case of the Telecommunications Equipment Industry", *Research Policy*, Vol. 21, No. 1, 1992: 63 – 77.

[147] Dixit, A. J. , Stiglitz, J. , "Monopolistic Competition and Optimum Produt Diverstiy", *American Economic Review*, Vol. 67, 1997: 297 – 308.

[148] Dulleck, U. , Foster, N. , "Imported Equipment, Human Capital and Economic Growth in Developing Countries", *NECR Working Paper*, Vol. 16, 2007.

[149] Duysters, G. , Hagedoorn, J. , "Technological Convergence in the IT industry: The Role of Strategic Technology Alliances and Technological Competencies", *International Journal of the Economics of Business*,

Vol. 5, No. 3, 1998: 355 – 368.

[150] Eaton, J. , Kortum, S. , "Trade in Ideas Patenting and Productivity in the OECD", *Journal of International Economics*, Vol. 40, 1996: 251 – 278.

[151] Edwards, S. , "Openness, Productivity and Growth: What Do We Really Know?", *The Economic Journal*, Vol. 108, 1998: 383 – 398.

[152] European Commission, "The Green Paper on the Regulatory Implications, COM (97) 623: Green Paper on the Convergence of the Telecommunications, Media and Information Technology Sectors, and The Implications for Regulation toward an Information Society Approach, Brussels", 1997.

[153] Fai, F. , von Tunzelmann, N. , "Industry – specific Competencies and Converging Technological Systems: Evidence from Patents", *Structural Change and Economic Dynamics*, Vol. 12, No. 2, 2001: 141 – 170.

[154] Feenstra, "Integration of Trade and Disintegration of Production in the Global Economy", *Journal of Economic Perspectives*, Vol. 12, No. 4, 1998: 31 – 50.

[155] Fernandes, A. M. , Paunov, C. , "Foreign Direct Investment in Services and Manufacturing Productivity: Evidence for Chile", *Journal of Development Economics*, Vol. 97, 2012: 305 – 321.

[156] Findlay, R. , "An Austrian Model of International Trade and Interest Rate Equalization", *Journal of Political Economy*, Vol. 86, 1978: 989 – 1008.

[157] Finger, J. M. , "Trade Overlap and Intra – industry Trade", *Economic Inquiry*, Vol. 13, No. 4, 1975: 581 – 589.

[158] Fisher, A. G. B. , "Primary, Secondary and Tertiary Production", *Economic Record*, Vol. 15, 1939: 24 – 38.

[159] Francois, J. F. , "Trade in Producer Services and Returns Due to Specialization under Monopolistic Competition", *Canadian Journal of Economics*, Vol. 23, No. 1, 109 – 124.

[160] Fuchs, V. R. , "The Service Economy", NBER Books, 1968.

[161] Gaines, B. R. , "The Learning Curves: Underlying Convergence",

Technological Forecasting and Social Change, Vol. 57, 1998: 7 – 34.

[162] Gambardella, A., Torrisi, S., "Does Technological Convergence Imply Convergence in Markets? Evidence from the Electronics Industry, Research Policy", Vol. 27, 1998: 445 – 463.

[163] Greenfield, H. I., "Manpower and the Growth of Producer Services", 1966.

[164] Greenstein, S., Khanna, T., "What does Industry Convergence Mean", *Competing in the Age of Digital Convergence*, 1997: 201 – 226.

[165] Grossman, G. M., Helpman, E., "Integration Versus Outsourcing in Industry Equilibrium", *The Quarterly Journal of Economics*, Vol. 117, No. 1, 2002: 85 – 120.

[166] Grossman, G. M., Helpman, E., "Outsourcing in a Global Economy", *The Review of Economic Studies*, Vol. 72, No. 1, 2005: 135 – 159.

[167] Grossman, S. J., Hart, O. D., "The Costs and Benefits of Ownership: A theory of vertical and Lateral Integration", *The Journal of Political Economy*, 1986.

[168] Grossman, Gene M. and Helpman, E., "Trade, Knowledge Spillovers and Growth", *European Economic Review*, Vol. 35, No. 3, 1991: 517 – 526.

[169] Guerrieri, P., Meliciani, V., "International Competitiveness in Producer Services", *SETI Meeting Rome*, 2003.

[170] Guerrieri, P., Meliciani, V., "Technology and International Competitiveness: The Interdependence between Manufacturing and Producer Services, Structural Change and Economic Dynamics", Vol. 16, No. 4, 2005: 489 – 502.

[171] Hacklin, F., Raurich, V., Marxt, C., "Implications of Technological Convergence on Innovation Trajectories: The Case of ICT Industry", *International Journal of Innovation and Technology Management*, Vol. 2, No. 3, 2005: 313 – 330.

[172] Henderson, R. M., Clark, K. B., "Architectural Innovation: the Reconfiguration of Existing Product Technologies and the Failure of Established Firms", *Administrative Science Quarterly*, 1990: 9 – 30.

[173] Hoekman, B., Mattoo, A., "Services Trade and Growth", Policy Research Working Paper, No. 4461, 2008.

[174] Holmes, Thomas J., "Localization of Industry and Vertical Disintegration", *The Review of Economics and Statistics*, No. 5, 1999: 699 –716.

[175] Howells, J., Green, A., *Technological Innovation, Structural Change, and Location in UK Services*, Aldershot: Avebury, 1988.

[176] Hubbard, R. K. B., Nutter, D. S., "Service Sector Employment in Merseyside", *Geoforum*, Vol. 13, No. 3, 1982: 209 –235.

[177] Hummels, D., Ishii, J., Yi, K. M., "The Nature and Growth of Vertical Specialization in World Trade", *Journal of international Economics*, Vol. 54, No. 1, 2001: 75 –96.

[178] Hummels, D., Rapaort, D., Yi, Kei – Mu, "Vertical Specialization and the Changing Nature of World Trade", *Frbny Economic Policy Review*, No. 7, 1998: 79 –99.

[179] Ippolito, R., "The Division of Labor in the Firm", *Economic Inquiry*, Vol. 15, 1997: 469 –492.

[180] Kasahara, H., Rodrigue, J., "Does the Use of Imported Intermediates Increase Productivity? Plant – level Evidence", *Journal of Development Economics*, Vol. 87, 2008: 106 –118.

[181] Keller, W., "Are International R&D Spillovers Trade – related? Analyzing Spillovers among Randomly Matched Trade Partners", Vol. 42, 1998: 1469 – 1481.

[182] Keller, W., "Trade and the Transmission of Technology", *Journal of Economic Growth*, No. 1, 2002: 5 –24.

[183] Kim, Y. Z., Lee, K., "Sectoral Innovation System and a Technological Catch – up: The Case of the Capital Goods Industry in Korea", *Global Economic Review*, Vol. 37, No. 2, 2008: 135 –155.

[184] Krugman, P., Cooper, R, N., Srinivasan, T. N., "Growing World Trade: Causes and Consequences", *Brookings Papers on Economic Activity*, No. 1, 1995: 327 –377.

[185] Krugman, P., *Geography and Trade*, Cambridge, MA: MIT Press, 1991.

[186] Kuznet, S., "Modern Economic Growth: Findings and Reflections", *American Economic Revies*, Vol. 63, 1973: 24 – 258.

[187] Lawrence, R. Z. and David, E., "Weinstein Trade and Growth: Import – Led or Export – Led?", NBER Working Paper, No. 7264, 1999.

[188] Lee, G. K., "The Competitive Consequences of Technological Convergence in an Era of Innovations: Telephony Communications and Computer Networking, 1989 – 2001", PhD. Thesis, Haas School of Business, UC Berkeley, CA, 2003.

[189] Lee, Jong – Wha, "Capital Goods Imports and Long – run Growth", *Journal of Development Economics*, Vol. 48, 1995: 91 – 110.

[190] Lei, D. T., "Industry Evolution and Competence Development: the Imperatives of Technological Convergence", *International Journal of Technology Management*, Vol. 19, No. 7, 2000: 699 – 738.

[191] Li, F., Whalley, J., "Deconstruction of the Telecommunications Industry: From Value Chains to Value Networks", *Telecommunications Policy*, Vol. 26, 2002: 451 – 472.

[192] Lichtenberg, F. and Bruno van Pottelsberghe de la Potterie, "International R&D Spillovers: A Comment", *European Economic Review*, Vol. 42, No. 8, 1998: 1483 – 1491.

[193] Lind, J., "Ubiquitous Convergence: Market Redefinitions Generated by Technological Change and the Industry Life Cycle", Paper for the DRUID Academy Winter, 2005: 27 – 29.

[194] Lopez, R., Yadav, N., "Imports of Intermediate Inputs and Spillover Effects: Evidence from Chilean Plants", *Journal of Development Studies*, Vol. 46, No. 8, 2010: 1385 – 1403.

[195] Machlup, F., *The Production and Distribution of Knowledge in the United States*, Princeton University Press, 1962.

[196] Maddigan, R. J., "The Measurement of Vertical Integration", *The Review of Economics and Satistics*, Vol. 63, No. 3, 1981: 328 – 335.

[197] Madsen, J. B., "Technology Spillover through Trade and TFP Convergence: 135 years of evidence for the OECD countries", *Journal of International Economics*, Vol. 72, 2007: 464 – 480.

[198] Malhotra, A. , "Firm Strategy in Converging Industries: An Investigation of US Commercial Bank Responses to US Commercial Investment Banking Convergence", PhD. Thesis, Maryland University, 2001.

[199] Malone, T. W. , Yates, J. , Benjamin, R. I. , "Electronic Markets and Electronic Hierarchies", *Communications of the ACM*, Vol. 30, No. 6, 1987: 484 – 497.

[200] Markusen, J. R. , "Trade in Producer Services and in other Specialized Intermediate Inputs", *The American Economic Review*, Vol. 97, No. 2, 1989: 85 – 95.

[201] Marshall, A. , Principles of Economics, Macmillan Press, 1920.

[202] McLaren, J. , "Globalization and Vertical Structure", *American Economic Review*, Vol. 90, No. 5, 2000: 1239 – 1255.

[203] Mueller, M. L. , *China in the Information age: Telecommunications and the Dilemmas of Reform*, Praeger Pub Text, 1997.

[204] Olley, G. S. , Pakes, A. , "The Dynamics of Productivity in the Telecommunication Equipment Industry", *Econometrica*, Vol. 64, No. 6, 1996: 1263 – 1297.

[205] Oz Shy, *Industrial Organization: Theory and Application*, Cambridge: The MIT Press, 1995.

[206] Park, S. H. , Chan, K. S. , "A Cross – country Input – output Analysis of Intersectoral Relationships between Manufacturing and Services and their Employment Implications", *World Development*, Vol. 17, No. 2, 1989: 199 – 212.

[207] Pennings, J. M. , Purannam, P. , "Market Convergence and Firm Strategy: New Directions for Theory and Research", ECIS Conference, the Future of Innovation Studies Eindhoven, the Netherlands.

[208] Porter, M. E. , "Technology and Competitive Advantage", *Journal of Business Strategy*, Vol. 5, No. 3, 1985: 60 – 78.

[209] Poter, M. E. , "The Comperative Advantage of Nations with a New Introduction", MacMillan Business, London, 1998.

[210] Rosenberg, N. , "Capital Goods, Technology, and Economic Growth", *Oxford Economic Papers*, New Series, Vol. 15, No. 3, 1963: 217 – 227.

[211] Rosenberg, N. , "Technological Change in the Machine tool Industry, 1840 – 1910", *The Journal of Economic History*, Vol. 23, No. 4, 1963: 414 – 443.

[212] Stigler, G. J. , "The Division of Labor is Limited by the Extent of the Market", *The Journal of Political Economy*, Vol. 59, No. 3, 1951: 185 – 193.

[213] Stigler, G. J. , "The Successes and Failures of Professor Smith", *Journal of Political Economy*, Vol. 84, No. 6, 1976: 1199 – 1213.

[214] Tschetter, J. , "Producer Service Industries: Why Are They Growing So Rapidly?", *Monthly Labor Review*, Vol. 110, 1987: 15 – 22.

[215] Walker, R. , "Is There a Service Economy? The Changing Capitalist Division of Labor", *Science and Society*, Vol. 39, 1985: 42 – 83.

[216] Whitney, S. N. , "Vertical Disintegration in the Motion Picture Industry, in the Impact of Antitrust Laws", *The American Economic Review*, Vol. 45, No. 2, 1995: 491 – 498.

[217] Wirtz, B. W. , "Reconfiguration of Value Chinas in Converging Media and Communications Markets", *Long Range Planning*, Vol. 34, 2001: 489 – 506.

[218] Wolff, E. N. , "Outsourcing of Services and the Productivity Recovery in U. S. Manufacturing in the 1980s and 1990s", *Journal of Productivity Analysis*, Vol. 16, 2001: 149 – 165.

[219] Wright, M. and Thompson, S. , "Vertical Disintegration and the Life – Cycle of Firms and Industries", *Managerial and Decision Economics*, Vol. 7, No. 2, 1986: 141 – 144.

[220] Xing, W. , Ye, X. , Kui, L. , "Measuring Convergence of China's ICT Industry: An Input – output Analysis", *Telecommunications Policy*, Vol. 35, No. 4, 2011: 301 – 313.

[221] Xu, B. , Wang, J. , "Capital Goods Trade and R&D Spillovers in the OECD", *The Canadian Journal of Economics*, Vol. 32, 1999: 1258 – 1274.

[222] Yeh, C. C. , Chang, P. L. , "The Taiwan System of Innovation in the Tool Machine Industry: A Case Study", *Journal of Engineering and*

Technology Management, Vol. 20, 2003: 367 - 380.

[223] Yoffie, D. B., *Competing in the Age of Digital Convergence*, Harvard Business Press, 1997.

[224] Young, A. A., "Increasing Returns and Economic Progress", *The Economic Journal*, Vol. 38, 1928: 527 - 542.

[225] Zhang, Y., "Vertical Specialization of Firms: Evidence from China's Manufacturing Sector", 2004.